CAMINHAR
com JESUS

PAPA FRANCISCO

CAMINHAR *com* JESUS
O coração da vida cristã

Organização
GIULIANO VIGINI

FONTANAR

Copyright © 2014 by Edizioni San Paolo s.r.l.
Piazza Soncino, 5 — 20092 Cinisello Balsamo (Milano)
www.edizionisanpaolo.it

Copyright © 2014 by Periodici San Paolo s.r.l.
Via Giotto, 36 — 20145 Milano
www.famigliacristiana.it

Copyright © 2014 by Libreria Editrice Vaticana
00120 Città del Vaticano
www.libreriaeditricevaticana.com

O selo Fontanar foi licenciado para a Editora Schwarcz S.A.

*Grafia atualizada segundo o Acordo Ortográfico
da Língua Portuguesa de 1990, que entrou em vigor
no Brasil em 2009.*

TÍTULO ORIGINAL Caminnare com Gesú
CAPA Claudia Espínola de Carvalho
FOTO DE CAPA Vatican Pool/ Getty Images
PREPARAÇÃO Tulio Kawata
REVISÃO Vivian Miwa Matsushita e Renato Potenza Rodrigues

Dados Internacionais de Catalogação na Publicação (CIP)
(Câmara Brasileira do Livro, SP, Brasil)

Francisco, Papa, 1936-
    Caminhar com Jesus: o coração da vida cristã / Papa Francisco ; organização Giuliano Vigini. — 1ª ed. — São Paulo : Fontanar, 2015.

    Título original: Caminnare com Gesú.
    ISBN 978-85-390-0658-8

    1. Francisco, Papa, 1936 — 2. Igreja Católica — Doutrinas 3. Jesus Cristo — Ensinamentos 4. Vida cristã I. Vigini, Giuliano. II. Título.

14-13462   CDD-262

Índice para catálogo sistemático:
1. Evangelização : Teologia: Cristianismo 262

[2015]
Todos os direitos desta edição reservados à
EDITORA SCHWARCZ S.A.
Rua Bandeira Paulista, 702, cj. 32
04532-002 — São Paulo — SP
Telefone (11) 3707-3500
Fax (11) 3707-3501

CAMINHAR COM JESUS

Prefácio

Caminhar é, desde o começo de seu pontificado, a palavra mais frequentemente usada por Francisco. Se para o escritor francês Bernanos "tudo é graça", poderíamos dizer que para o papa, "Tudo é caminhar", no sentido de que cada gesto do cristão deve ser uma via que nos leva, passo a passo, cada vez mais perto de Deus e do nosso próximo. A "caminhada", resume, na visão eclesial de Francisco, a própria imagem da Igreja que vem, a partir de suas próprias paredes internas e externas, para atender o povo de Deus e do mundo. Essa Igreja que é evangelizadora e está em uma missão permanente, na qual sente a responsabilidade e a alegria desta jornada. Portanto, a Igreja não tem medo da estrada e do que pode ser encontrado ao caminhar no meio da multidão, especialmente onde fica mais forte o grito dos pobres, dos marginalizados e oprimidos, nos arredores da existência.

Essa Igreja peregrina se esforça para seguir a Jesus, que, ao longo de sua vida pública, caminhou por todas as estradas da Palestina, com os discípulos atrás dele. Vamos imaginar aqueles primeiros momentos, a surpresa e o medo desses doze homens chamados por Jesus para deixar tudo e segui-Lo. Ou seja, para responder: sim, nós já nos conhecemos, queremos levantar e andar com você. Eles ainda não sabiam aonde iriam e o que encontrariam ao longo do caminho, mas eles acreditavam, tinham confiado Nele. Estavam dispostos a embarcar no que seria não só a experiência mais assustadora de suas vidas, mas também a maior história de aventura. Caminhando, Jesus instruía sobre deixar para trás a mentalidade do mundo a fim de obter purificação, sobre renovar o coração e aprender a ver o que importa para o Reino de Deus. Pouco a pouco, entre espanto e medo, entre quedas e negações, vim a entender que a vitória deles foi percorrer o caminho completo da cruz seguindo os passos de Cristo, que havia previsto sua paixão, morte e ressurreição.

Não refletimos sempre sobre essa fé dos apóstolos e dos primeiros discípulos que, com a experiência de Jesus e da comunhão com ele, começaram a longa e interminável viagem de missão, que é o objetivo permanente da Igreja. E nós, que estamos seguindo por esse caminho, dando continuidade espiritual e histórica dentro da comunidade cristã, somos novamente chamados pelo papa Francisco para nos colocar nessa jornada. Se você está cansado ou não de todo convencido a respeito da viagem, se havia parado. Se você começou a jornada, mas não está ciente de que é uma viagem de fé, não havia realmente partido.

Caminhar, portanto, é a ação que põe em movimento a busca pela verdade do Evangelho. Uma vez tomada essa decisão, ela nos empurra a proclamar e testemunhar com alegria como novidade de vida. A pregação do papa Francisco está focada nisto: explicar o objetivo e os passos necessários para alcançá-lo. Em um nível pessoal, para a melhoria e santificação de si mesmo; no nível comunitário, para a edificação de toda a Igreja, no vínculo de amor, união e paz. Para usar a linguagem bíblica, "andar" em Cristo "arraigados e edificados Nele",[1] de acordo com a lei do Espírito que liberta,[2] e para "vivermos uma vida nova",[3] "à luz"[4] e "no amor",[5] é necessário saber o que deve ser removido e o que deve estar no centro da vida cristã.

Devemos remover a hipocrisia e a vaidade, o peso, o formalismo, mas também o carreirismo, o mundanismo, o triunfalismo, boatos e denúncias que ofuscam a credibilidade da fé. Só assim se terá um testemunho autêntico. São essas atitudes evidentes ou sutis que o papa Francisco não se cansa de estigmatizar firmemente em cada ocasião e que agora constituem o lema dominante de sua pregação. Juntamente com todas as outras questões que compõem a grande amostra de suas pregações estão aqui também suas denúncias sociais: o poder, o dinheiro, a corrupção, o consumismo, a exploração, o lixo, a indiferença, a ofensa à dignidade humana em todas as suas manifestações...

No centro da vida cristã basta Jesus Cristo, sua pessoa, sua mensagem. A viagem interior e eclesial a ser realizada é precisamente esta: aprender a entender que apenas Ele é necessário e que não importa se falharmos, contanto que deixemos Jesus nos levantar com Sua misericórdia, Seu perdão e Seu amor. São esses conceitos que norteiam a visão pastoral de Francisco. São a "carícia" do Deus eterno, que dá consolo, confiança e esperança, e também a coragem de perseverar e seguir em frente.

Você não está sozinho na jornada a seguir. Deus sempre nos acompanha, mas não impõe regras ou preceitos, que muitas vezes são vistos como os mandamentos e as leis da Igreja. Como Bento XVI, Francisco também inverte a perspectiva e mostra como os limites não são correntes que prendem os prisioneiros, mas antídotos necessários para entrar no campo da vida boa e virtuosa de acordo com Deus. Os sacramentos da iniciação cristã, a Eucaristia e todos os outros sacramentos são os primeiros meios indispensáveis para alcançar em sua própria vida o que Santo Agostinho chamou de "a ordem do amor": isto é, as condições para uma boa vida aqui e, ao mesmo tempo, olhando sempre para o mundo a que estamos destinados. O Espírito Santo vem sempre para o nosso resgate com os seus dons, outro tema central da catequese de Francisco, que nesta coleção, juntamente com os sacramentos, está amplamente ilustrado.

O exemplo de Maria, José e todos os santos é outro forte apoio para o esforço da caminhada. Conhecê-los e pedir-lhes ajuda para navegar a vida cristã, para aprofundar o mistério de Cristo e para aprender a viver de forma a imitá-los. No conjunto, finalmente, há a onda de oração que deve elevar-se continuamente a partir do coração, porque não se pode viver e agir como cristãos sem oração, sem a ponte que liga a Deus, a quem se pede o "pão", perdão, ajuda na hora da tentação, com a certeza de quem o vê como o Pai de todos.

O papa Francisco demonstra discernimento eclesial, sempre caridosamente munido de coragem e esperança. Sua paternidade sacerdotal, sua simplicidade pastoral, seu estilo de oratória direto, familiar e vívido trazem luz ao coração e criam um caminho natural de profunda conexão que se estabelece de alma para alma. Isso acontece independentemente das mensagens fortes e honestas. Não se pode nunca esquecer que a vida cristã é uma luta constante contra o mal. Mas, em suas homilias, como em seus discursos, sempre passa também a mensagem de confiança e alegria, o que torna a luta menos difícil e faz da estrada o lugar de reunião de um povo e de comunhão de fé viva.

GIULIANO VIGINI

1

O Evangelho do caminho

A META E O CAMINHO

A plenitude a que Jesus leva a fé possui um aspecto decisivo: na fé, Cristo não é apenas aquele em quem acreditamos, a maior manifestação do amor de Deus, mas é também aquele a quem nos unimos para poder acreditar. A fé não só olha para Jesus, mas olha também a partir da perspectiva de Jesus e com os seus olhos: é uma participação no seu modo de ver. Em muitos âmbitos da vida, fiamo-nos em outras pessoas que conhecem as coisas melhor do que nós: temos confiança no arquiteto que constrói a nossa casa, no farmacêutico que nos fornece o remédio para a cura, no advogado que nos defende no tribunal. Precisamos também de alguém que seja fiável e perito nas coisas de Deus: Jesus, seu Filho, apresenta-se como aquele que nos explica Deus.[1] A vida de Cristo, a sua maneira de conhecer o Pai, de viver totalmente em relação com ele abre um espaço novo à experiência humana, e podemos entrar nele. São João exprimiu a importância que a relação pessoal com Jesus tem para a nossa fé através de vários usos do verbo *crer*. Juntamente com o "crer que" é verdade, o que Jesus nos diz,[2] João usa mais duas expressões: "crer a (sinônimo de dar crédito a)" Jesus e "crer em" Jesus. "Cremos a" Jesus quando aceitamos a sua palavra, o seu testemunho, porque ele é verdadeiro.[3] "Cremos em" Jesus quando o acolhemos pessoalmente na nossa vida e nos confiamos a ele, aderindo a ele no amor e seguindo-o ao longo do caminho.[4]

Para nos permitir conhecê-lo, acolhê-lo e segui-lo, o Filho de Deus assumiu a nossa carne; e, assim, a sua visão do Pai deu-se também de forma humana, através de um caminho e um percurso no tempo. A fé cristã é fé na encarnação do Verbo e na sua ressurreição na carne; é fé num Deus que se fez tão próximo que entrou na nossa história. A fé no Filho de Deus feito homem em Jesus de Nazaré não nos separa da realidade; antes permite-nos individuar o seu significado mais profundo, descobrir quanto Deus ama este mundo e o orienta sem cessar para si; e isto leva o cristão a comprometer-se, a viver de modo ainda mais intenso o seu caminho sobre a terra.

A partir dessa participação no modo de ver de Jesus, o apóstolo Paulo deixou-nos, nos seus escritos, uma descrição da existência crente. Aquele que acredita, ao aceitar o dom da fé, é transformado numa nova criatura, recebe um novo ser, um ser filial, torna-se filho no Filho: "*Abba*, Pai" é a expressão mais característica da experiência de Jesus, que se torna centro da experiência cristã.[5] A vida na fé, como existência filial, é reconhecer o dom originário e radical que está na base da existência do homem, podendo resumir-se nesta frase de são Paulo aos coríntios: "Que tens tu que não tenhas recebido?".[6] É precisamente aqui que se situa o cerne da polêmica do Apóstolo com os fariseus: a discussão sobre a salvação pela fé ou pelas obras da lei. Aquilo que são Paulo rejeita é a atitude de quem quer justificar-se diante de Deus através das próprias obras; essa pessoa, mesmo quando obedece aos mandamentos, mesmo quando realiza obras boas, coloca a si própria no centro e não reconhece que a origem do bem é Deus. Quem atua assim, quem quer ser fonte da sua própria justiça, depressa a vê exaurir-se e descobre que não pode sequer aguentar-se na fidelidade à lei; fecha-se, isolando-se do Senhor e dos outros, e, por isso, a sua vida torna-se vã, as suas obras estéreis, como árvore longe da água. Assim se exprime Santo Agostinho com a sua linguagem concisa e eficaz: "Não te afastes daquele que te fez, nem mesmo para te encontrares a ti". Quando o homem pensa que, afastando-se de Deus, encontrar-se-á a si mesmo, a sua existência fracassa.[7] O início da salvação é a abertura a algo que nos antecede, a um dom originário que sustenta a vida e a guarda na existência. Só abrindo-nos a essa origem e reconhecendo-a é que podemos ser transformados, deixando que a salvação atue em nós e torne a vida fecunda, cheia de frutos bons. A salvação pela fé consiste em reconhecer o primado do dom de Deus, como resume são Paulo: "Porque é pela graça que estais salvos, por meio da fé. E isto não vem de vós, é dom de Deus".[8]

A nova lógica da fé centra-se em Cristo. A fé em Cristo salva-nos, porque é nele que a vida se abre radicalmente a um Amor que nos precede e transforma a partir de dentro, que age em nós e conosco. Vê-se isso claramente na exegese que o Apóstolo dos gentios faz de um texto do Deuteronômio; uma exegese que se insere na dinâmica mais profunda do Antigo Testamento. Moisés diz ao povo que o mandamento de Deus não está demasiado alto nem demasiado longe do homem; não se deve dizer: "Quem subirá por nós até o céu e no-la irá buscar?" ou "Quem atravessará o mar e no-la irá buscar?".[9] Essa proximidade da palavra de Deus é concretizada por são Paulo na presença de Jesus no cristão. "Não digas no teu coração: Quem subirá ao céu? Seria para fazer com que Cristo descesse. Nem digas: Quem descerá ao abismo? Seria para fazer com que Cristo subisse de entre os mortos".[10] Cristo desceu à terra e ressuscitou dos mortos: com a sua encarnação e ressurreição, o Filho de Deus abraçou o percurso inteiro do homem e habita nos nossos corações por meio do Espírito Santo. A fé sabe que Deus se tornou muito próximo de nós, que Cristo nos foi oferecido como grande dom que nos transforma interiormente, que habita em nós, e assim nos dá a luz que ilumina a origem e o fim da vida, o arco inteiro do percurso humano.

Podemos, assim, compreender a novidade a que a fé nos conduz.

O crente é transformado pelo Amor, ao qual se abriu na fé; e, na sua abertura a esse Amor que lhe é oferecido, a sua existência dilata-se para além dele próprio. São Paulo pode afirmar: "Já não sou eu que vivo, mas é Cristo que vive em mim",[11] e exortar: "Que Cristo, pela fé, habite nos vossos corações".[12] Na fé, o "eu" do crente dilata-se para ser habitado por um Outro, para viver num Outro, e, assim, a sua vida amplia-se no Amor. É aqui que se situa a ação própria do Espírito Santo: o cristão pode ter os olhos de Jesus, os seus sentimentos, a sua predisposição filial, porque é feito participante do seu Amor, que é o Espírito; é nesse Amor que se recebe, de algum modo, a visão própria de Jesus. Fora dessa conformação no Amor, fora da presença do Espírito que o infunde nos nossos corações,[13] é impossível confessar Jesus como Senhor.[14]

Desse modo, a vida do fiel torna-se existência eclesial. Quando são Paulo fala aos cristãos de Roma do único corpo que todos os crentes formam em Cristo, exorta-os a não se vangloriarem, mas a se avaliarem "de acordo com a medida de fé que Deus distribuiu a cada um".[15] O crente aprende a ver a si mesmo a partir da fé que professa. A figura de Cristo é o espelho em que descobre realizada a sua própria imagem. E dado que Cristo abraça em si todos os crentes que formam o seu corpo, o cristão compreende a si mesmo nesse corpo, em relação primordial com Cristo e com os irmãos na fé. A imagem do corpo não pretende reduzir o crente a simples parte de um todo anônimo, a mero elemento de uma grande engrenagem; antes, sublinha a união vital de Cristo com os crentes e de todos os crentes entre si.[16] Os cristãos sejam "todos um só",[17] sem perder a sua individualidade, e, no serviço aos outros, cada um ganha profundamente o próprio ser. Compreende-se assim por que motivo, fora desse corpo, dessa unidade da Igreja em Cristo — dessa Igreja que, segundo as palavras de Romano Guardini, "é a portadora histórica do olhar global de Cristo sobre o mundo"—, a fé perca a sua "medida", já não encontre o seu equilíbrio, nem o espaço necessário para se manter de pé. A fé tem uma forma necessariamente eclesial, é professada partindo do corpo de Cristo, como comunhão concreta dos crentes. A partir desse lugar eclesial, ela abre o indivíduo cristão a todos os homens. Uma vez escutada, a palavra de Cristo, pelo seu próprio dinamismo, transforma-se em resposta no cristão, tornando-se ela mesma palavra pronunciada, confissão de fé. São Paulo afirma: "Realmente com o coração se crê [...] e com a boca se faz a profissão de fé".[18] A fé não é um fato privado, uma concepção individualista, uma opinião subjetiva, mas nasce de uma escuta e destina-se a ser pronunciada e a tornar-se anúncio. Com efeito, "como hão-de acreditar naquele de quem não ouviram falar? E como hão-de ouvir falar, sem alguém que o anuncie?".[19] Concluindo, a fé torna-se operativa no cristão a partir do dom recebido, a partir do Amor que o atrai para Cristo[20] e o torna participante do caminho da Igreja, peregrina na história rumo à perfeição. Para quem foi assim transformado, abre-se um novo modo de ver, a fé torna-se luz para os seus olhos.

O EVANGELHO: A BOA-NOVA ETERNA

Um anúncio renovado proporciona aos crentes, mesmo tíbios ou não praticantes, uma nova alegria na fé e uma fecundidade evangelizadora. Na realidade, o seu centro e a sua essência são sempre o mesmo: o Deus que manifestou o seu amor imenso em Cristo morto e ressuscitado. Ele torna os seus fiéis sempre novos; ainda que sejam idosos, "renovam as suas forças. Têm asas como a águia, correm sem se cansar, marcham sem desfalecer".[1] Cristo é a "Boa-Nova de valor eterno",[2] sendo "o mesmo ontem, hoje e pelos séculos",[3] mas a sua riqueza e a sua beleza são inesgotáveis. Ele é sempre jovem, e fonte de constante novidade. A Igreja não cessa de se maravilhar com a "profundidade de riqueza, de sabedoria e de ciência de Deus".[4] São João da Cruz dizia: "Esta espessura de sabedoria e ciência de Deus é tão profunda e imensa, que, por mais que a alma saiba dela, sempre pode penetrá-la mais profundamente". Ou ainda, como afirmava santo Ireneu: "Na sua vinda, [Cristo] trouxe consigo toda a novidade". Com a sua novidade, ele pode sempre renovar a nossa vida e a nossa comunidade, e a proposta cristã, ainda que atravesse períodos obscuros e fraquezas eclesiais, nunca envelhece. Jesus Cristo pode romper também os esquemas enfadonhos em que pretendemos aprisioná-lo, e surpreende-nos com a sua constante criatividade divina. Sempre que procuramos voltar à fonte e recuperar o frescor original do Evangelho, despontam novas estradas, métodos criativos, outras formas de expressão, sinais mais eloquentes, palavras cheias de renovado significado para o mundo atual. Na realidade, toda ação evangelizadora autêntica é sempre "nova".

OS TRÊS MOVIMENTOS DO CRISTÃO

Vejo que essas três leituras têm algo em comum: é o movimento. Na primeira leitura, o movimento no caminho; na segunda leitura, o movimento na edificação da Igreja; na terceira, no Evangelho, o movimento na confissão. Caminhar, edificar, confessar.

Caminhar. "Vinde, Casa de Jacó! Caminhemos à luz do Senhor".[1] Trata-se da primeira coisa que Deus disse a Abraão: caminhe na minha presença e sê irrepreensível. Caminhar: a nossa vida é um caminho e, quando nos detemos, está errado. Caminhar sempre, na presença do Senhor, à luz do Senhor, procurando viver com aquela irrepreensibilidade que Deus pedia a Abraão, na sua promessa.

Edificar. Edificar a Igreja. Fala-se de pedras: as pedras têm consistência; mas pedras vivas, pedras ungidas pelo Espírito Santo. Edificar a Igreja, a Esposa de Cristo, sobre aquela pedra angular que é o próprio Senhor. Aqui temos outro movimento da nossa vida: edificar.

Terceiro, confessar. Podemos caminhar o que quisermos, podemos edificar um monte de coisas, mas, se não confessarmos Jesus Cristo, está errado. Tornar-nos-emos uma ONG sociocaritativa, mas não a Igreja, Esposa do Senhor. Quando não se caminha, fica-se parado. Quando não se edifica sobre as pedras, que acontece? Acontece o mesmo que às crianças na praia quando fazem castelos de areia: tudo se desmorona, não tem consistência. Quando não se confessa Jesus Cristo, faz-me pensar nesta frase de Léon Bloy: "Quem não reza ao Senhor, reza ao diabo". Quando não confessa Jesus Cristo, confessa o mundanismo do diabo, o mundanismo do demônio.

Caminhar, edificar-construir, confessar. Mas a realidade não é tão fácil, porque às vezes, quando se caminha, constrói ou confessa, sentem-se abalos, há movimentos que não são os movimentos próprios do caminho, mas movimentos que nos puxam para trás.

Esse Evangelho continua com uma situação especial. O próprio Pedro, que confessou Jesus Cristo, lhe diz: Tu és Cristo, o Filho de Deus vivo. Eu te sigo, mas de cruz não se fala. Isso não vem a propósito. Sigo-te com outras possibilidades, sem a cruz. Quando caminhamos sem a cruz, edificamos sem a cruz ou confessamos um Cristo sem cruz, não somos discípulos do Senhor: somos mundanos, somos bispos, padres, cardeais, papas, mas não discípulos do Senhor.

Eu queria que, depois destes dias de graça, todos nós tivéssemos a coragem, sim, a coragem, de caminhar na presença do Senhor, com a cruz do Senhor; de edificar a Igreja sobre o sangue do Senhor, que é derramado na cruz; e de confessar como nossa única glória Cristo Crucificado. E assim a Igreja vai para diante.

Faço votos de que, pela intercessão de Maria, nossa Mãe, o Espírito Santo conceda a todos nós esta graça: caminhar, edificar, confessar Jesus Cristo Crucificado.

CAMINHAR COM JESUS

Lemos no Evangelho de Marcos: "Jesus *caminhava à frente* deles".[1]
Também neste momento, Jesus caminha à nossa frente. Ele está sempre à nossa frente. Precede-nos e abre-nos o caminho... E esta é

a nossa confiança e a nossa alegria: ser seus discípulos, estar com ele, caminhar atrás dele, segui-lo...

Quando eu e os cardeais concelebramos a primeira Santa Missa na Capela Sistina, "caminhar" foi a primeira palavra que o Senhor nos propôs: caminhar e, em seguida, construir e confessar.

Hoje volta aquela palavra, mas como um ato, como a ação de Jesus que continua: "Jesus *caminhava*...". Isto é uma coisa que impressiona nos Evangelhos: Jesus caminha muito e instrui os seus discípulos ao longo do caminho. Isto é importante. Jesus não veio para ensinar uma filosofia, uma ideologia... mas um "caminho", uma estrada que se deve percorrer com ele; e aprende-se a estrada percorrendo-a, caminhando. Sim, queridos irmãos, esta é a nossa alegria: caminhar com Jesus.

E isso não é fácil, não é cômodo, porque a estrada que Jesus escolhe é o caminho da cruz. Enquanto estão a caminho, fala aos seus discípulos do que lhe acontecerá em Jerusalém: preanuncia a sua paixão, morte e ressurreição. E eles ficam "surpreendidos" e "cheios de medo". Surpreendidos, sem dúvida, porque, para eles, subir a Jerusalém significava participar no triunfo do Messias, na sua vitória — como se vê em seguida pelo pedido de Tiago e João; e cheios de medo, por causa daquilo que Jesus haveria de sofrer e que se arriscavam a sofrer eles também.

Mas nós, ao contrário dos discípulos de então, sabemos que Jesus venceu e não deveríamos ter medo da cruz; antes, é na cruz que temos posta a nossa esperança. Contudo, sendo também humanos, pecadores, estamos sujeitos à tentação de pensar à maneira dos homens e não de Deus.

E quando se pensa de maneira mundana, qual é a consequência? Diz o Evangelho: "Os outros dez *indignaram-se* com Tiago e João".[2] Indignaram-se. Se prevalecer a mentalidade do mundo, sobrevêm as rivalidades, as invejas, as facções...

Assim, essa palavra que o Senhor nos dirige hoje, é muito salutar! Purifica-nos interiormente, ilumina as nossas consciências e ajuda a nos sintonizarmos plenamente com Jesus; e a fazê-lo juntos, no momento em que aumenta o Colégio Cardinalício com a entrada de novos Membros.

Então "Jesus *chamou-os*...".[3] Aqui temos o outro gesto do Senhor. Ao longo do caminho, dá-se conta de que há necessidade de falar aos Doze, para e chama-os para junto de si. Irmãos, deixemos que o Senhor Jesus nos chame para junto de si! Deixemo-nos "con-vocar" por ele. E ouçamo-lo, com a alegria de acolhermos juntos a sua Palavra, de nos deixarmos instruir por ela e pelo Espírito Santo para, ao redor de Jesus, nos tornarmos cada vez mais um só coração e uma só alma.

E, enquanto nos encontramos assim convocados pelo nosso único Mestre, "chamados para junto dele", digo-vos aquilo de que a Igreja precisa: precisa de vós, da vossa colaboração e, antes disso, da vossa comunhão comigo e entre vós. A Igreja precisa da vossa coragem, para anunciar o Evangelho a tempo e fora de tempo, e para dar testemunho da verdade. A Igreja precisa da vossa oração pelo bom caminho do rebanho de Cristo; a oração — não o esqueçamos! — que é, juntamente com o anúncio da Palavra, a primeira tarefa do bispo. A Igreja precisa da vossa compaixão, sobretudo neste momento de tribulação e sofrimento em tantos países do mundo. Exprimamos juntos a nossa proximidade espiritual às comunidades eclesiais e a todos os cristãos que sofrem discriminações e perseguições. Devemos lutar contra toda discriminação! A Igreja precisa da nossa oração em favor deles, para que sejam fortes na fé e saibam reagir ao mal com o bem. E esta nossa oração estende-se a todo homem e mulher que sofre injustiça por causa das suas convicções religiosas.

A Igreja precisa de nós também como homens de paz, precisa que façamos a paz com as nossas obras, os nossos desejos, as nossas orações. Fazer a paz! Artesãos da paz! Por isso invocamos a paz e a reconciliação para os povos que, nestes tempos, vivem provados pela violência, pela exclusão e pela guerra.

Caminhemos juntos atrás do Senhor e deixemo-nos cada vez

mais convocar por ele, no meio do povo fiel, do santo povo fiel de Deus, da Santa Mãe Igreja.

A ALEGRIA DO ENCONTRO

A Alegria do Evangelho enche o coração e a vida inteira daqueles que se encontram com Jesus. Quantos se deixam salvar por ele são libertados do pecado, da tristeza, do vazio interior, do isolamento. Com Jesus Cristo, renasce sem cessar a alegria. [...]

O grande risco do mundo atual, com sua múltipla e avassaladora oferta de consumo, é uma tristeza individualista que brota do coração comodista e mesquinho, da busca desordenada de prazeres superficiais, da consciência isolada. Quando a vida interior se fecha nos próprios interesses, deixa de haver espaço para os outros, já não entram os pobres, já não se ouve a voz de Deus, já não se goza da doce alegria do Seu amor, nem fervilha o entusiasmo de fazer o bem. Esse é um risco, certo e permanente, que também os crentes correm. Muitos caem nele, transformando-se em pessoas ressentidas, queixosas, sem vida. Essa não é a escolha de uma vida digna e plena, esse não é o desígnio que Deus tem para nós, essa não é a vida no Espírito que jorra do coração de Cristo ressuscitado.

Convido todo cristão, em qualquer lugar e situação que se encontre, a renovar hoje mesmo o seu encontro pessoal com Jesus Cristo ou, pelo menos, a tomar a decisão de se deixar encontrar por ele, de o procurar dia após dia sem cessar. Não há motivo para alguém pensar que esse convite não lhe diz respeito, já que "da alegria trazida pelo Senhor ninguém é excluído". Quem arrisca, o Senhor não o desilude; e, quando alguém dá um pequeno passo em direção a Jesus, descobre que ele já aguardava de braços abertos a sua chegada. Esse é o momento para dizer a Jesus Cristo: "Senhor, deixei-me enganar, de mil maneiras fugi do vosso amor, mas aqui estou novamente para renovar a minha aliança convosco. Preciso de vós.

Resgatai-me de novo, Senhor; aceitai-me mais uma vez nos vossos braços redentores". Como nos faz bem voltar para ele, quando nos perdemos! Insisto uma vez mais: Deus nunca se cansa de perdoar, somos nós que nos cansamos de pedir a sua misericórdia. Aquele que nos convidou a perdoar "setenta vezes sete"[1] dá-nos o exemplo: ele perdoa setenta vezes sete. Volta uma vez e outra a carregar-nos em seus ombros. Ninguém nos pode tirar a dignidade que esse amor infinito e inabalável nos confere. Ele permite-nos levantar a cabeça e recomeçar, com uma ternura que nunca nos defrauda e sempre nos pode restituir a alegria. Não fujamos da ressurreição de Jesus; nunca nos demos por mortos, suceda o que suceder. Que nada possa mais do que a sua vida, que nos impele para diante!

2

O caminho da fé

A VIDA SACRAMENTAL

Como sucede em cada família, a Igreja transmite aos seus filhos o conteúdo da sua memória. Como se deve fazer essa transmissão de modo que nada se perca, mas antes que tudo se aprofunde cada vez mais na herança da fé? É através da Tradição Apostólica, conservada na Igreja com a assistência do Espírito Santo, que temos contato vivo com a memória fundadora. E aquilo que foi transmitido pelos Apóstolos, como afirma o Concílio Ecumênico Vaticano II, "abrange tudo quanto contribui para a vida santa do povo de Deus e para o aumento da sua fé; e assim a Igreja, na sua doutrina, vida e culto, perpetua e transmite a todas as gerações tudo aquilo que ela é e tudo quanto acredita".[1]

De fato, a fé tem necessidade de um âmbito em que se possa testemunhar e comunicar, e que o mesmo seja adequado e proporcional ao que se comunica. Para transmitir um conteúdo meramente doutrinal, uma ideia, talvez bastasse um livro ou a repetição de uma mensagem oral; mas aquilo que se comunica na Igreja, o que se transmite na sua Tradição viva, é a luz nova que nasce do encontro com o Deus vivo, uma luz que toca a pessoa no seu íntimo, no coração, envolvendo a sua mente, vontade e afetividade, abrindo-a a relações vivas na comunhão com Deus e com os outros. Para se transmitir tal plenitude, existe um meio especial que põe em jogo a pessoa inteira: corpo e espírito, interioridade e relações. Esse meio são os sacramentos celebrados na liturgia da Igreja: neles, comunica-se uma memória encarnada, ligada aos lugares e épocas da vida, associada com todos os sentidos; neles, a pessoa é envolvida, como membro de um sujeito vivo, num tecido de relações comunitárias. Por isso, se é verdade que os sacramentos são os sacramentos da fé, há que afirmar também que a fé tem uma estrutura sacramental; o despertar da fé passa pelo despertar de um novo sentido sacramental na vida do homem e na existência cristã, mostrando como o visível e o material se abrem para o mistério do eterno.

A transmissão da fé verifica-se, em primeiro lugar, através do batismo. Poderia parecer que esse sacramento fosse apenas um modo de simbolizar a confissão de fé, um ato pedagógico para quem precise de imagens e gestos, e do qual seria possível fundamentalmente prescindir. Mas não é assim, como no-lo recorda uma palavra de são Paulo: "Pelo batismo fomos sepultados com Cristo na morte, para que, tal como Cristo foi ressuscitado de entre os mortos pela glória do Pai, também nós caminhemos numa vida nova";[2] nele, tornamo-nos nova criatura e filhos adotivos de Deus. E, mais adiante, o Apóstolo diz que o cristão foi confiado a uma "forma de ensino" (*typos didachés*) a que obedece de coração:[3] no batismo, o homem recebe também uma doutrina que deve professar e uma forma concreta de vida que requer o envolvimento de toda a sua pessoa, encaminhando-a para o bem; é transferido para um novo âmbito, confiado a um novo ambiente, a uma nova maneira comum de agir, na Igreja. Desse modo, o batismo recorda-nos que a fé não é obra do indivíduo isolado, não é um ato que o homem possa realizar contando apenas com as próprias forças, mas tem de ser recebida, entrando na comunhão eclesial que transmite o dom de Deus: ninguém se batiza a si mesmo, tal como ninguém vem sozinho à existência. Fomos batizados.

Quais são os elementos batismais que nos introduzem nessa nova "forma de ensino"? Sobre o catecúmeno é invocado, em primeiro lugar, o nome da Trindade: Pai, Filho e Espírito Santo. E desse modo se oferece, logo desde o princípio, uma síntese do caminho da fé: o Deus que chamou Abraão e quis chamar-se seu Deus, o Deus que revelou o seu nome a Moisés, o Deus que, ao entregar-nos o seu Filho, nos revelou plenamente o mistério do seu Nome, dá à pessoa batizada uma nova identidade filial. Dessa forma, se evidencia o sentido da imersão na água que se realiza no batismo: a água é, simultaneamente, símbolo de morte, que nos convida a passar pela conversão do "eu" tendo em vista a sua abertura a um "Eu" maior, e símbolo de vida, do ventre onde renascemos para seguir Cristo na sua nova existência. Desse modo, através da imersão na água, o batismo fala-nos da estrutura encarnada da fé. A ação de Cristo toca-nos na nossa realidade pessoal, transformando-nos radicalmente, tornando-nos filhos adotivos de Deus, participantes da natureza divina; e, assim, modifica todas as nossas relações, a nossa situação concreta na terra e no universo, abrindo-as à própria vida de comunhão dele. Esse dinamismo de transformação próprio do batismo ajuda-nos a perceber a importância do catecumenato, que hoje — mesmo em sociedades de antigas raízes cristãs, onde um número crescente de adultos se aproxima do sacramento batismal — se reveste de singular relevância para a nova evangelização. É o itinerário de preparação para o batismo, para a transformação da vida inteira em Cristo.

Para compreender a ligação entre o batismo e a fé, pode ajudar-nos a recordação de um texto do profeta Isaías, que já aparece associado com o batismo na literatura cristã antiga: "Terá o seu refúgio em rochas elevadas, terá [...] água em abundância".[4] Resgatado da morte pela água, o batizado pode manter-se de pé sobre "rochas elevadas" porque encontrou a solidez à qual se confiar; e, assim, a água de morte transformou-se em água de vida. O texto grego descrevia-a como água *pistòs*, água "fiel": a água do batismo é fiel, podendo confiar-nos a ela porque a sua corrente entra na dinâmica de amor de Jesus, fonte de segurança para o nosso caminho na vida.

A estrutura do batismo, a sua configuração como renascimento no qual recebemos um nome novo e uma vida nova, ajuda-nos a compreender o sentido e a importância do batismo das crianças. Uma criança não é capaz de um ato livre que acolha a fé: ainda não a pode confessar sozinha e, por isso mesmo, é confessada pelos seus pais e pelos padrinhos em nome dela. A fé é vivida no âmbito da comunidade da Igreja, insere-se num "nós" comum. Assim, a criança pode ser sustentada por outros, pelos seus pais e padrinhos, e pode ser acolhida na fé deles, que é a fé da Igreja, simbolizada pela luz que o pai toma do círio na liturgia batismal. Essa estrutura do batismo põe em evidência a importância da sinergia entre a Igreja e a família na transmissão da fé. Os pais são chamados — como diz Santo Agostinho — não só a gerar os filhos para a vida, mas a levá-los a Deus, para que sejam, através do batismo, regenerados como filhos de Deus, recebam o dom da fé. Assim, juntamente com a vida, é-lhes dada a orientação fundamental da existência e a segurança de um bom futuro; orientação esta que será ulteriormente corroborada no sacramento da confirmação com o selo indelével do Espírito Santo.

A natureza sacramental da fé encontra a sua máxima expressão na Eucaristia. Esta é alimento precioso da fé, encontro com Cristo presente de maneira real no seu ato supremo de amor: o dom de si mesmo que gera vida.

Na Eucaristia, temos o cruzamento dos dois eixos sobre os quais a fé percorre o seu caminho. Por um lado, o eixo da história: a Eucaristia é ato de memória, atualização do mistério, em que o passado, como um evento de morte e ressurreição, mostra a sua capacidade de se abrir ao futuro, de antecipar a plenitude final; a liturgia no-lo recorda com o seu *hodie*, o "hoje" dos mistérios da salvação. Por outro lado, encontra-se aqui também o eixo que conduz do mundo visível ao invisível: na Eucaristia, aprendemos a ver a profundidade do real. O pão e o vinho transformam-se no corpo e no sangue de Cristo, que se faz presente no seu caminho pascal para o Pai: esse movimento introduz-nos, corpo e alma, no movimento de toda a criação para a sua plenitude em Deus.

Na celebração dos sacramentos, a Igreja transmite a sua memória, particularmente com a profissão de fé. Nesta, não se trata tanto de prestar assentimento a um conjunto de verdades abstratas, como sobretudo fazer a vida toda entrar na comunhão plena com o Deus Vivo. Podemos dizer que, no *Credo*, o fiel é convidado a entrar no mistério que professa e a deixar-se transformar por aquilo que confessa. Para compreender o sentido dessa afirmação, pensemos em primeiro lugar no conteúdo do *Credo*. Este possui uma estrutura trinitária: o Pai e o Filho unem-se no Espírito de amor. Desse modo, o crente afirma que o centro do ser, o segredo mais profundo de todas as coisas, é a comunhão divina. Além disso, o *Credo* contém uma confissão cristológica: repassam-se os mistérios da vida de Jesus até a sua morte, ressurreição e ascensão ao céu, na esperança da sua vinda final na glória. E, consequentemente, afirma-se que esse Deus-comunhão, permuta de amor entre o Pai e o Filho no Espírito, é capaz de abraçar a história do homem, de introduzi-lo no seu dinamismo de comunhão, que tem, no Pai, a sua origem e meta final. Aquele que confessa a fé sente-se implicado na verdade que confessa; não pode pronunciar, com verdade, as palavras do *Credo*, sem ser por isso mesmo transformado, sem mergulhar na história de amor que o abraça, que dilata o seu ser tornando-o parte de uma grande comunhão, do sujeito último que pronuncia o *Credo*: a Igreja. Todas as verdades em que cremos afirmam o mistério da vida nova da fé como caminho de comunhão com o Deus Vivo.

A UNIÃO DE CRISTO COM A IGREJA

O batismo é o sacramento sobre o qual se fundamenta a nossa própria fé e que nos insere como membros vivos em Cristo e na sua Igreja. Juntamente com a Eucaristia e a confirmação forma a chamada "iniciação cristã", a qual constitui como que um único, grande evento sacramental que nos une ao Senhor e nos torna um sinal vivo da sua presença e do seu amor.

Pode surgir em nós uma pergunta: mas o batismo é realmente necessário para viver como cristãos e seguir Jesus? Não é no fundo um simples rito, um ato formal da Igreja para dar o nome ao menino ou à menina? É uma pergunta que pode surgir. E, a esse propósito, é esclarecedor o que escreve o apóstolo Paulo: "Ignorais, porventura, que todos nós, que fomos batizados em Jesus Cristo, fomos batizados na sua morte? Pelo batismo sepultamo-nos juntamente com ele, para que, assim como Cristo ressuscitou dos mortos, mediante a glória do Pai, assim caminhemos nós também numa vida nova".[1] Por conseguinte, não é uma formalidade! É um ato que diz profundamente respeito à nossa existência. Uma criança batizada e uma criança não batizada não são iguais. Uma pessoa batizada e uma pessoa não batizada não são iguais. Nós, com o batismo, somos imergidos naquela fonte inesgotável de vida que é a morte de Jesus, o maior ato de amor de toda a história; e graças a esse amor podemos viver uma vida nova, já não à mercê do mal, do pecado e da morte, mas na comunhão com Deus e com os irmãos.

Muitos de nós não recordamos minimamente a celebração desse sacramento, e é óbvio, se fomos batizados pouco depois do nascimento. Fiz essa pergunta duas ou três vezes, aqui, na praça: quem de vós conhece a data do próprio batismo, levante a mão. É importante conhecer o dia no qual eu fui imergido precisamente naquela corrente de salvação de Jesus. E permito-me dar um conselho. Mas, mais do que um conselho, trata-se de uma tarefa para hoje. Hoje, em casa, procurai, perguntai a data do batismo e assim sabereis bem o dia tão bonito do batismo. Conhecer a data do nosso batismo significa conhecer uma data feliz. Mas o risco de não o conhecer significa perder a memória daquilo que o Senhor fez em nós, a memória do dom que recebemos. Então acabamos por considerá-lo só como um evento que aconteceu no passado — e nem devido à nossa vontade, mas à dos nossos pais —, por conseguinte, já não tem incidência alguma sobre o presente. Devemos despertar a memória do nosso batismo. Somos chamados a viver o nosso batismo todos os dias, como realidade atual na nossa existência. Se seguimos Jesus e permanecemos na Igreja, mesmo com os nossos limites, com as nossas fragilidades e os nossos pecados, é precisamente graças ao sacramento no qual nos tornamos novas criaturas e fomos revestidos de Cristo. Com efeito, é em virtude do batismo que, libertados do pecado original, somos inseridos na relação de Jesus com Deus Pai; que somos portadores de uma esperança nova, porque o batismo nos dá essa nova esperança: a esperança de percorrer o caminho da salvação, a vida inteira. E essa esperança, nada e ninguém pode desiludir, porque a esperança não decepciona. Recordai-vos: a esperança no Senhor nunca desilude. É graças ao batismo que somos capazes de perdoar e amar também quem nos ofende e nos faz mal; que conseguimos reconhecer nos últimos e nos pobres o rosto do Senhor que nos visita e se faz próximo. O batismo ajuda-nos a reconhecer no rosto dos necessitados, dos sofredores, também do nosso próximo, a face de Jesus. Tudo isso é possível graças à força do batismo!

Um último elemento, que é importante. E faço uma pergunta: uma pessoa pode batizar-se a si mesma? Ninguém pode batizar-se a si mesmo! Ninguém. Podemos pedi-lo, desejá-lo, mas temos sempre a necessidade de alguém que nos confira esse sacramento em nome do Senhor. Porque o batismo é um dom que é concedido num contexto de solicitude e de partilha fraterna. Ao longo da história, sempre um batiza outro, outro, outro... é uma corrente. Uma corrente de graça. Mas, eu não me posso batizar sozinho: devo pedir o batismo a outra pessoa. É um ato de fraternidade, um ato de filiação à Igreja. Na celebração do batismo podemos reconhecer os traços mais característicos da Igreja, a qual, como uma mãe, continua a gerar novos filhos em Cristo, na fecundidade do Espírito Santo.

Peçamos então de coração ao Senhor para poder experimentar cada vez mais, na vida diária, essa graça que recebemos com o batismo. Que os nossos irmãos, ao encontrar-nos, possam encontrar verdadeiros filhos de Deus, verdadeiros irmãos e irmãs de Jesus Cristo, verdadeiros membros da Igreja. E não esqueçais a tarefa de hoje: procurar, perguntar a data do próprio batismo. Assim como eu conheço a data do meu nascimento, devo conhecer também a data do meu batismo, porque é um dia de festa.

UM POVO MISSIONÁRIO

Gostaria ainda de meditar sobre o batismo, para ressaltar um fruto muito importante desse sacramento: ele leva-nos a ser membros do Corpo de Cristo e do povo de Deus. Santo Tomás de Aquino afirma que quantos recebem o batismo são incorporados a Cristo quase como seus próprios membros e agregados à comunidade dos fiéis,[1] ou seja, ao povo de Deus. Na escola do Concílio Vaticano II, hoje dizemos que o batismo nos faz *entrar no povo de Deus*, levando-nos a ser membros de *um povo a caminho*, um povo peregrino na história.

Com efeito, assim como a vida se transmite de geração em geração, também de geração em geração, através do renascimento na pia batismal, é transmitida a graça, e com essa graça o povo cristão caminha no tempo como um rio que irriga a terra e propaga no mundo a bênção de Deus. Desde que Jesus disse o que ouvimos do Evangelho, os discípulos partiram para batizar; e desde aquela época até hoje há uma cadeia na transmissão da fé mediante o batismo. E cada um de nós é um elo daquela corrente: um passo em frente, sempre; como um rio que irriga. Assim é a graça de Deus, assim é a nossa fé, que devemos transmitir aos nossos filhos, às crianças, para que elas, quando forem adultas, possam transmiti-la aos seus filhos. Assim é o batismo. Por quê? Porque o batismo nos faz entrar nesse povo de Deus que transmite a fé. Isto é deveras importante. Um povo de Deus que caminha e transmite a fé.

Em virtude do batismo, nós nos tornamos *discípulos missionários,* chamados a levar o Evangelho ao mundo.² "Cada um dos batizados, independentemente da própria função na Igreja e do grau de instrução da sua fé, é um sujeito ativo de evangelização... A nova evangelização deve implicar um novo protagonismo"³ da parte de todos, de todo o povo de Deus, um novo protagonismo de cada batizado. O povo de Deus é *um povo discípulo* — porque recebe a fé — *e missionário* — porque transmite a fé. É isto que o batismo faz entre nós: confere-nos a graça, transmite-nos a fé. Todos na Igreja somos discípulos, e somo-lo sempre, a vida inteira; e todos nós somos missionários, cada qual no lugar que o Senhor lhe confiou. Todos: até o mais pequenino é missionário; e aquele que parece maior é discípulo. Mas algum de vós dirá: "Os bispos não são discípulos, eles sabem tudo; o papa sabe tudo, e não é discípulo". Não, até os bispos e o papa devem ser discípulos, pois se não forem discípulos, não farão o bem, não poderão ser missionários nem transmitir a fé. Todos nós somos discípulos e missionários.

Existe um vínculo indissolúvel entre as dimensões *mística* e *missionária* da vocação cristã, ambas arraigadas no batismo. "Ao receber a fé e o batismo, os cristãos acolhem a ação do Espírito Santo, que leva a confessar a Jesus como Filho de Deus e a chamar Deus 'Abbá', Pai. Todos os batizados e batizadas... são chamados a viver e a transmitir a comunhão com a Trindade, pois 'a evangelização é um chamado à participação da comunhão trinitária'".⁴

Ninguém se salva sozinho. Somos uma comunidade de fiéis, somos povo de Deus e nessa comunidade experimentamos a beleza de compartilhar a experiência de um amor que nos precede a todos, mas que ao mesmo tempo nos pede para ser "canais" da graça uns para os outros, apesar dos nossos limites e pecados. A dimensão comunitária não é apenas uma "moldura", um "contorno", mas constitui uma parte integrante da vida cristã, do testemunho e da evangelização. A fé cristã nasce e vive na Igreja, e no batismo as famílias e as paróquias celebram a incorporação de um novo membro a Cristo e ao seu corpo, que é a Igreja.⁵

A propósito da importância do batismo para o povo de Deus, é exemplar a história da *comunidade cristã no Japão*. Ela padeceu uma perseguição árdua no início do século XVII. Houve numerosos mártires, os membros do clero foram expulsos e milhares de fiéis foram assassinados. No Japão não permaneceu nem sequer um sacerdote, todos foram expulsos. Então, a comunidade retirou-se à clandestinidade, conservando a fé e a oração em segredo. E quando nascia um filho, o pai ou a mãe batizavam-no, pois todos os fiéis podem batizar em circunstâncias particulares. Quando, depois de cerca de dois séculos e meio, 250 anos mais tarde, os missionários voltaram ao Japão, milhares de cristãos saíram das sombras e a Igreja conseguiu reflorescer. Sobreviveram com a graça do seu batismo! Isto é grande: o povo de Deus transmite a fé, batiza os seus filhos e vai em frente. E apesar do segredo, mantiveram um vigoroso espírito comunitário, porque o batismo os tinha levado a constituir um único corpo em Cristo: viviam isolados e escondidos, mas eram sempre membros do povo de Deus, membros da Igreja. Podemos aprender muito dessa história!

UNÇÃO E CRISMA EM JESUS

Meditemos sobre a confirmação ou crisma, que deve ser entendida em continuidade com o batismo, ao qual ela está vinculada de modo inseparável. Esses dois sacramentos, juntamente com a Eucaristia, formam um único acontecimento salvífico, que se denomina "iniciação cristã", no qual somos inseridos em Jesus Cristo morto e ressuscitado, tornando-nos novas criaturas e membros da Igreja. Eis por que, na origem desses três sacramentos, eles eram celebrados num único momento, no final do caminho catecumenal, normalmente na Vigília Pascal. Era assim que se selava o percurso de formação e de inserção gradual no seio da comunidade cristã, que podia durar até alguns anos. Procedia-se passo a passo para chegar ao batismo, depois à crisma e enfim à Eucaristia.

Em geral, fala-se do sacramento da "crisma", palavra que significa "unção". E com efeito, através do óleo chamado "crisma sagrado", nós somos confirmados no poder do Espírito, em Jesus Cristo, o Único verdadeiro "ungido", o "Messias", o Santo de Deus. Além disso, o termo "confirmação" recorda-nos que esse sacramento contribui com um aumento da graça batismal: une-nos mais solidamente a Cristo; leva a cumprimento o nosso vínculo com a Igreja; infunde em nós uma especial força do Espírito Santo para difundir e defender a fé, para confessar o nome de Cristo e para nunca nos envergonharmos da sua cruz.[1]

Por isso, é importante prestar atenção a fim de que as nossas crianças, os nossos jovens recebam esse sacramento. Todos nós prestamos atenção para que eles sejam batizados, e isso é bom, mas talvez não nos preocupemos muito com que recebam a crisma. Desse modo, eles permanecerão a meio caminho e não receberão o Espírito Santo, que é muito importante na vida cristã, porque nos concede a força para ir em frente. Pensemos um pouco nisso, cada um de nós: preocupamo-nos verdadeiramente com que as nossas crianças, os nossos jovens recebam a crisma? Isso é importante, é importante! E se vós, em casa, tendes crianças e jovens que ainda não a receberam, e que já estão na idade de a receber, fazei todo o possível para que levem a cumprimento a iniciação cristã e recebam a força do Espírito Santo. É importante!

Naturalmente, é necessário oferecer aos crismandos uma boa preparação, que deve ter em vista levá-los a uma adesão pessoal à fé em Cristo e despertar neles o sentido de pertença à Igreja.

Como cada sacramento, a confirmação não é obra dos homens, mas de Deus, que cuida da nossa vida de maneira a plasmar-nos à imagem do seu Filho, para nos tornar capazes de amar como ele. E fá-lo infundindo em nós o seu Espírito Santo, cuja ação permeia cada pessoa e a vida inteira, como transparece dos sete dons que a Tradição, à luz da Sagrada Escritura, sempre evidenciou. Eis os sete dons: não quero perguntar-vos se vos recordais quais são os sete dons. Talvez todos vós saibais... Mas cito-os em vosso nome. Quais são esses dons? A sabedoria, a inteligência, o conselho, a fortaleza, a ciência, a piedade e o temor de Deus. E esses dons são concedidos precisamente através do Espírito Santo no sacramento da confirmação. Além disso, a esses dons tenciono dedicar as catequeses que se seguirão às reservadas aos sacramentos.

Quando acolhemos o Espírito Santo no nosso coração e deixamos que ele aja, é o próprio Cristo que se torna presente em nós e adquire forma na nossa vida; através de nós será ele, o próprio Cristo, que rezará, perdoará, infundirá esperança e consolação, servirá os irmãos, estará próximo dos necessitados e dos últimos, que criará comunhão e semeará paz. Pensai como isto é importante: mediante o Espírito Santo, é o próprio Cristo que vem para fazer tudo isto no meio de nós e por nós. Por isso é importante que as crianças e os jovens recebam o sacramento da crisma.

Estimados irmãos e irmãs, recordemo-nos que recebemos a confirmação. Todos nós! Recordemo-lo antes de tudo para dar graças ao Senhor por essa dádiva, e além disso para lhe pedir que nos ajude a viver como cristãos autênticos e a caminhar sempre com alegria, segundo o Espírito Santo que nos foi concedido.

O SACRAMENTO DO AMOR

Agora, falar-vos-ei da Eucaristia. A Eucaristia, como eu já disse, insere-se no âmago da "iniciação cristã", juntamente com o batismo e a confirmação, constituindo a nascente da própria vida da Igreja. Com efeito, é desse sacramento do amor que derivam todos os caminhos autênticos de fé, de comunhão e de testemunho.

O que vemos quando nos congregamos para celebrar a Eucaristia, a Missa, já nos faz intuir o que estamos prestes a viver. No centro do espaço destinado à celebração encontra-se o altar, que é uma mesa coberta com uma toalha, e isto faz-nos pensar num banquete. Sobre a mesa há uma cruz, a qual indica que naquele altar se oferece o sacrifício de Cristo: é ele o alimento espiritual que ali recebemos, na forma do pão e do vinho. Ao lado da mesa encontra-se o ambão, ou seja, o lugar de onde se proclama a Palavra de Deus: e ele indica que ali nos reunimos para ouvir o Senhor, que fala mediante as Sagradas Escrituras, e portanto o alimento que recebemos é também a sua Palavra.

Na Missa, Palavra e Pão tornam-se uma coisa só, como na Última Ceia, quando todas as palavras de Jesus, todos os sinais que ele tinha realizado, se condensaram no gesto de partir o pão e de oferecer o cálice, antecipação do sacrifício da cruz, e naquelas palavras: "Tomai e comei, isto é o meu corpo... Tomai e bebei, isto é o meu sangue".

O gesto levado a cabo por Jesus na Última Ceia é a extrema ação de graças ao Pai pelo seu amor, pela sua misericórdia. Em grego, "ação de graças" diz-se "eucaristia". É por isso que o sacramento se chama Eucaristia: é a suprema ação de graças ao Pai, o qual nos amou a tal ponto que nos ofereceu o Seu Filho por amor. Eis por que motivo o termo "Eucaristia" resume todo aquele gesto, que é de Deus e ao mesmo tempo do homem, gesto de Jesus Cristo, verdadeiro Deus e verdadeiro homem.

Por conseguinte, a celebração eucarística é muito mais do que um simples banquete: é precisamente o memorial da Páscoa de Jesus, o mistério fulcral da salvação. "Memorial" não significa apenas uma recordação, uma simples lembrança, mas quer dizer que cada vez que celebramos esse sacramento participamos do mistério da paixão, morte e ressurreição de Cristo. A Eucaristia constitui o apogeu da obra de salvação de Deus: com efeito, fazendo-se pão partido para nós, o Senhor Jesus derrama sobre nós toda a sua misericórdia e todo o seu amor, a ponto de renovar o nosso coração, a nossa existência e o nosso próprio modo de nos relacionarmos com ele e com os irmãos. É por isso que, geralmente, quando nos aproximamos desse sacramento, dizemos que "recebemos a Comunhão", que "fazemos a Comunhão": isso significa que, no poder do Espírito Santo, a participação na mesa eucarística nos conforma com Cristo de modo singular e profundo, levando-nos a prelibar desde já a plena comunhão com o Pai, que caracterizará o banquete celestial, no qual, juntamente com todos os santos, teremos a felicidade de contemplar Deus face a face.

Estimados amigos, nunca daremos suficientemente graças ao Senhor pela dádiva que nos concedeu através da Eucaristia! Trata-se de um dom deveras grandioso e por isso é tão importante ir à Missa aos domingos. Ir à Missa não só para rezar, mas para receber a Comunhão, o pão que é o corpo de Jesus Cristo que nos salva, nos perdoa e nos une ao Pai. É bom fazer isso! E todos os domingos vamos à Missa, porque é precisamente o dia da ressurreição do Senhor. É por isso que o domingo é tão importante para nós! E com a Eucaristia sentimos essa pertença precisamente à Igreja, ao povo de Deus, ao Corpo de Deus, a Jesus Cristo. Nunca compreenderemos todo o seu valor e toda a sua riqueza. Então, peçamos-lhe que esse sacramento possa continuar a manter viva na Igreja a sua presença e a plasmar as nossas comunidades na caridade e na comunhão, segundo o coração do Pai. E fazemos isso durante a vida inteira, mas começamos a fazê-lo no dia da nossa primeira Comunhão. É importante que as crianças se preparem bem para a primeira Comunhão e que cada criança a faça, pois trata-se do primeiro passo dessa pertença forte a Jesus Cristo, depois do batismo e da crisma.

VIVER A EUCARISTIA

Já elucidamos o modo como a Eucaristia nos introduz na comunhão real com Jesus e o seu mistério. Agora podemos formular algumas interrogações a propósito da relação entre a Eucaristia que celebramos e a nossa vida, como Igreja e como simples cristãos. *Como vivemos a Eucaristia?* Quando vamos à Missa aos domingos, como a vivemos? É apenas um momento de festa, uma tradição consolidada, uma ocasião para nos encontrarmos, para estarmos à vontade, ou é algo mais?

Existem sinais muito concretos para compreender como vivemos tudo isso, como vivemos a Eucaristia; sinais que nos dizem se vivemos bem a Eucaristia, ou se não a vivemos tão bem. O primeiro indício é o nosso *modo de ver e considerar os outros*. Na Eucaristia, Cristo oferece sempre de novo o dom de si que já concedeu na cruz. A sua vida inteira é um gesto de partilha total de si mesmo por amor; por isso, ele gostava de estar com os discípulos e com as pessoas que tinha a oportunidade de conhecer. Para ele, isso significava compartilhar os seus desejos, os seus problemas, aquilo que agitava as suas almas e vidas. Pois bem, quando participamos na Santa Missa nós nos encontramos com homens e mulheres de todos os tipos: jovens, idosos e crianças; pobres e abastados; naturais do lugar e estrangeiros; acompanhados pelos familiares e pessoas sós... Mas a Eucaristia que eu celebro leva-me a senti-los todos verdadeiramente como irmãos e irmãs? Faz crescer em mim a capacidade de me alegrar com quantos se rejubilam, de chorar com quem chora? Impele-me a ir ao encontro dos pobres, dos enfermos e dos marginalizados? Ajuda-me a reconhecer neles o rosto de Jesus? Todos nós vamos à Missa porque amamos Jesus e, na Eucaristia, queremos compartilhar a sua paixão e ressurreição. Mas amamos, como deseja Jesus, os irmãos e irmãs mais necessitados? Por exemplo, nestes dias vimos em Roma muitas dificuldades sociais, ou devido às chuvas, que causaram prejuízos enormes para bairros inteiros, ou devido à falta de trabalho, consequência da crise econômica no mundo inteiro. Pergunto-me, e cada um de nós deve interrogar-se: eu que vou à Missa, como vivo isso? Preocupo-me em ajudar, em aproximar-me, em rezar por quantos devem enfrentar esse problema? Ou então sou um pouco indiferente? Ou, talvez, preocupo-me em tagarelar: reparaste como se veste essa pessoa, ou como está vestida aquela? Às vezes é isto que se faz depois da Missa, mas não podemos comportar-nos assim! Devemos preocupar-nos com os nossos irmãos e irmãs que têm necessidade por causa de uma doença, de um problema. [...]

Um segundo indício, muito importante, é a graça de *nos sentirmos perdoados e prontos para perdoar*. Por vezes, alguém pergunta: "Por que deveríamos ir à igreja, visto que quem participa habitualmente na Santa Missa é pecador como os outros?". Quantas vezes ouvimos isso! Na realidade, quem celebra a Eucaristia não o faz porque se considera ou quer parecer melhor do que os outros, mas precisamente porque se reconhece sempre necessitado de ser acolhido e regenerado pela misericórdia de Deus, que se fez carne em Jesus Cristo. Se não nos sentirmos necessitados da misericórdia de Deus, se não nos sentirmos pecadores, melhor seria não irmos à Missa! Nós vamos à Missa porque somos pecadores e queremos receber o perdão de Deus, participar na redenção de Jesus e no seu perdão. Aquele "Confesso" que recitamos no início não é *pro forma*, mas um verdadeiro ato de penitência! Sou pecador e confesso-o: assim começa a Missa! Nunca devemos esquecer que a Última Ceia de Jesus foi realizada "na noite em que ele foi entregue".[1] Naquele pão e naquele vinho que oferecemos, e ao redor dos quais nos congregamos, renova-se a cada vez a dádiva do corpo e do sangue de Cristo, para a remissão dos nossos pecados. Temos que ir à Missa como pecadores, humildemente, e é o Senhor que nos reconcilia.

Um último indício inestimável é-nos oferecido pela relação entre a celebração eucarística e *a vida das nossas comunidades cristãs*. É preciso ter sempre presente que a Eucaristia não é algo que nós fazemos; não é uma comemoração nossa daquilo que Jesus disse e fez. Não! É precisamente uma ação de Cristo! Ali, é Cristo quem age, Cristo sobre o altar! É um dom de Cristo, que se torna presente e nos reúne ao redor de si, para nos alimentar com a sua Palavra e a sua vida. Isso significa que a própria missão e identidade da Igreja derivam dali, da Eucaristia, e ali sempre adquirem forma. Uma celebração pode até ser impecável do ponto de vista exterior, maravilhosa, mas, se não nos levar ao encontro com Jesus, corre o risco de não oferecer alimento algum ao nosso coração e à nossa vida. Através da Eucaristia, ao contrário, Cristo quer entrar na nossa existência e permeá-la com a sua graça, de tal modo que em cada comunidade cristã haja coerência entre liturgia e vida.

O coração transborda de confiança e de esperança, pensando nas palavras de Jesus, citadas no Evangelho: "Quem comer a minha carne e beber o meu sangue terá a vida eterna; e eu ressuscitá-lo-ei no último dia".² Vivamos a Eucaristia com espírito de fé, de oração, de perdão, de penitência, de júbilo comunitário, de solicitude pelos necessitados e pelas carências de numerosos irmãos e irmãs, na certeza de que o Senhor cumprirá aquilo que nos prometeu: a vida eterna.

A FORÇA DO PERDÃO

Através dos sacramentos da iniciação cristã, do batismo, da confirmação e da Eucaristia, o homem recebe a vida nova em Cristo. Pois bem, todos nós sabemos que trazemos esta vida "em vasos de barro",¹ ainda estamos submetidos à tentação, ao sofrimento, à morte e, por causa do pecado, até podemos perder a nova vida. Por isso, o Senhor Jesus quis que a Igreja continuasse a sua obra de salvação também a favor dos próprios membros, em particular com os sacramentos da reconciliação e da unção dos enfermos, que podem ser unidos sob o nome de "sacramentos de cura". O sacramento da reconciliação é um sacramento de cura. Quando me confesso é para me curar, para curar a minha alma, o meu coração e algo de mau que cometi. O ícone bíblico que melhor os exprime, no seu vínculo profundo, é o episódio do perdão e da cura do paralítico, no qual o Senhor Jesus se revela médico das almas e, ao mesmo tempo, dos corpos.²

O sacramento da penitência e da reconciliação brota diretamente do mistério pascal. Com efeito, na noite de Páscoa, o Senhor apareceu aos discípulos, fechados no Cenáculo, e, depois de lhes dirigir a saudação: "A paz esteja convosco!", soprou sobre eles e disse: "Recebei o Espírito Santo! A quantos perdoardes os pecados, ser-lhes-ão perdoados".³ Esse trecho revela a dinâmica mais profunda contida nesse sacramento. Antes de tudo, a constatação de que o perdão dos nossos pecados não é algo que podemos dar-nos a nós mesmos. Não posso dizer: perdoo os meus pecados. O perdão é pedido a outra pessoa, e na confissão pedimos o perdão a Jesus. O perdão não é fruto dos nossos esforços, mas uma dádiva, um dom do Espírito Santo, que nos enche do lavacro de misericórdia e de graça que brota incessantemente do coração aberto de Cristo crucificado e ressuscitado. Em segundo lugar, recorda-nos que só se nos deixarmos reconciliar no Senhor Jesus com o Pai e com os irmãos conseguiremos verdadeiramente alcançar a paz. E todos nós sentimos isso no coração, quando nos confessamos com um peso na alma, com um pouco de tristeza; e quando recebemos o perdão de Jesus, alcançamos a paz, aquela paz da alma tão boa que somente Jesus nos pode dar, só ele!

Ao longo do tempo, a celebração desse sacramento passou de uma forma pública — porque no início era feita publicamente — para a pessoal, para a forma reservada da confissão. Contudo, isso não deve fazer-nos perder a matriz eclesial, que constitui o contexto vital. Com efeito, a comunidade cristã é o lugar onde o Espírito se torna presente, onde ele renova os corações no amor de Deus, fazendo de todos os irmãos um só em Cristo Jesus. Eis, então, por que motivo não é suficiente pedir perdão ao Senhor na nossa mente e no nosso coração, mas é necessário confessar humilde e confiadamente os nossos pecados ao ministro da Igreja. Na celebração desse sacramento, o sacerdote não representa apenas Deus, mas toda a comunidade, que se reconhece na fragilidade de cada um dos seus membros, que ouve comovida o seu arrependimento, que se reconcilia com ele, o anima e acompanha ao longo do caminho de conversão e de amadurecimento humano e cristão. Podemos dizer: eu só me confesso com Deus. Sim, podes dizer a Deus "perdoa-me", e confessar os teus pecados, mas os nossos pecados são cometidos também contra os irmãos, contra a Igreja. Por isso, é necessário pedir perdão à Igreja, aos irmãos, na pessoa do sacerdote. "Mas, padre, eu tenho vergonha..." Até a vergonha é boa, é saudável sentir um pouco de vergonha, porque envergonhar-se é bom. Quando uma pessoa não se envergonha, no meu país dizemos que é um "sem-vergonha": um *"sin verguenza"*. Mas até a vergonha faz bem, porque nos torna mais humildes, e o sacerdote recebe com amor e com ternura essa confissão e, em nome de Deus, perdoa. Até do ponto de vista humano, para desabafar, é bom falar com o irmão e dizer ao sacerdote essas coisas, que pesam muito no nosso coração. E assim sentimos que desabafamos diante de Deus, com a Igreja e com o irmão. Não tenhais medo da confissão! Quando estamos em fila para nos confessarmos, sentimos tudo isso, também a vergonha, mas depois, quando termina a confissão, sentimo-nos livres, grandes, bons, perdoados, puros e felizes. Esta é a beleza da confissão! Gostaria de vos perguntar — mas não o digais em voz alta; cada um responda no seu coração: quando foi a última vez que te confessaste? Cada um pense nisto... Há dois dias, duas semanas, dois anos, vinte anos, quarenta anos? Cada um faça as contas, mas cada um diga: quando foi a última vez que me confessei? E se já passou muito tempo, não perca nem sequer um dia; vai, que o sacerdote será bom contigo. É Jesus que está ali presente, e é mais bondoso que os sacerdotes, Jesus receber-te-á com muito amor. Sê corajoso e vai confessar-te!

Caros amigos, celebrar o sacramento da reconciliação significa ser envolvido por um abraço caloroso: é o abraço da misericórdia infinita do Pai. Recordemos aquela bonita parábola do filho que foi embora de casa com o dinheiro da herança; esbanjou tudo e depois, quando já não tinha nada, decidiu voltar para casa, não como filho, mas como servo. Ele sentia muita culpa e muita vergonha no seu coração! Surpreendentemente, quando ele começou a falar, a pedir perdão, o pai não o deixou falar, mas abraçou-o, beijou-o e fez uma festa. E eu digo-vos: cada vez que nos confessamos, Deus abraça-nos, Deus faz festa! Vamos em frente por este caminho.

A COMPAIXÃO DE DEUS

Gostaria de vos falar agora do sacramento da unção dos enfermos, que nos permite ver concretamente a compaixão de Deus pelo homem. No passado era chamado "extrema-unção", porque era entendido como conforto espiritual na iminência da morte. Ao contrário, falar de "unção dos enfermos" ajuda-nos a alargar o olhar para a experiência da doença e do sofrimento, no horizonte da misericórdia de Deus.

Há um ícone bíblico que expressa em toda a sua profundidade o mistério que transparece na unção dos enfermos: é a parábola do "bom samaritano", no Evangelho de Lucas.[1] Todas as vezes que celebramos esse sacramento, o Senhor Jesus, na pessoa do sacerdote, torna-se próximo de quem sofre e está gravemente doente, ou é idoso. Diz a parábola que o bom samaritano se ocupa do homem sofredor derramando sobre as suas feridas óleo e vinho. O óleo faz-nos pensar no que é abençoado pelos Bispos todos os anos, na Missa Crismal da Quinta-Feira Santa, precisamente em vista da unção dos enfermos. O vinho, porém, é sinal do amor e da graça de Cristo que brota do dom da sua vida por nós e se expressam em toda a sua riqueza na vida sacramental da Igreja. Por fim, a pessoa sofredora é confiada a um hoteleiro, a fim de que continue a ocupar-se dela, sem se preocupar com a despesa. Mas quem é esse hoteleiro? É a Igreja, a comunidade cristã, somos nós, aos quais todos os dias o Senhor Jesus confia aqueles que estão aflitos, no corpo e no espírito, para que possamos continuar a derramar sobre eles, sem medida, toda a sua misericórdia e salvação.

Esse mandato é reafirmado de maneira explícita e clara na Carta de Tiago, na qual se recomenda: "Está alguém entre vós doente? Chame os presbíteros da Igreja, e estes façam oração sobre ele, ungindo-o com óleo, em nome do Senhor. E a oração da fé salvará o enfermo, e o Senhor o levantará; e, se houver cometido pecados, ser-lhe-ão perdoados".[2] Por conseguinte, trata-se de uma prática que já se usava na época dos Apóstolos. Com efeito, Jesus ensinou aos seus discípulos a ter a sua mesma predileção pelos doentes e pelos sofredores e transmitiu-lhes a capacidade e a tarefa de continuar a conceder no seu nome e segundo o seu coração alívio e paz, através da graça especial desse sacramento. Mas isso não nos deve fazer cair na busca obstinada do milagre ou na presunção de poder obter sempre e apesar de tudo a cura.

Mas é a certeza da proximidade de Jesus ao doente e também ao idoso, porque cada idoso, cada pessoa com mais de 65 anos, pode receber esse sacramento, mediante o qual é o próprio Jesus que se aproxima.

Mas na presença de um doente, por vezes pensa-se: "chamemos o sacerdote para que venha"; "não, dá azar, não o chamemos", ou, então, "o doente vai se assustar". Por que se pensa assim? Porque, um pouco, há a ideia de que depois do sacerdote venha a agência funerária. E isso não é verdade. O sacerdote vem para ajudar o doente ou o idoso; por isso é tão importante a visita dos sacerdotes aos doentes. É preciso chamar o sacerdote para junto do doente e dizer: "venha, dê-lhe a unção, abençoe-o". É o próprio Jesus que chega para aliviar o doente, para lhe dar força, para lhe dar esperança, para o ajudar; também para lhe perdoar os pecados. E isso é muito bonito! E não se deve pensar que isso seja um *tabu*, porque é sempre bom saber que, no momento da dor e da doença, não estamos sós: com efeito, o sacerdote e quantos estão presentes durante a unção dos enfermos representam toda a comunidade cristã, que como um único corpo se estreita em volta de quem sofre e dos familiares, alimentando neles a fé e a esperança, e apoiando-os com a oração e com o calor fraterno. Mas o maior conforto provém do fato de que quem está presente no sacramento é o próprio Senhor Jesus, que nos guia pela mão, nos acaricia como fazia com os doentes e nos recorda que já lhe pertencemos e que nada — nem sequer o mal nem a morte — jamais nos poderá separar dele. Temos esse hábito de chamar o sacerdote para que aos nossos doentes — não digo doentes de gripe, uma doença de três, quatro dias, mas quando é uma doença séria — e também para os nossos idosos, venha lhes conferir esse sacramento, esse conforto, essa força de Jesus para ir em frente? Façamo-lo!

O MINISTÉRIO DO SERVIÇO

Já tivemos a ocasião de recordar que os três sacramentos do batismo, da confirmação e da Eucaristia, juntos, constituem o mistério da "iniciação cristã", um único e grande acontecimento de graça que nos regenera em Cristo. Esta é a vocação fundamental que irmana todos na Igreja, como discípulos do Senhor Jesus. Além disso, há dois sacramentos que correspondem a duas vocações específicas: eles são o da ordem e o do matrimônio. Eles constituem dois caminhos grandiosos através dos quais o cristão pode fazer da própria vida um dom de amor, a exemplo e no nome de Cristo, cooperando assim para a edificação da Igreja.

Cadenciada nos três graus de episcopado, presbiterado e diaconado, a ordem é o sacramento que habilita para o exercício do ministério, confiado pelo Senhor Jesus aos Apóstolos, de apascentar a sua grei, no poder do Espírito e segundo o seu coração. Apascentar o rebanho de Jesus não com o poder da força humana, nem com o próprio poder, mas com o poder do Espírito e segundo o seu coração, o coração de Jesus, que é um coração de amor. O sacerdote, o bispo e o diácono devem apascentar a grei do Senhor com amor. Se não o fizerem com amor, é inútil. E, nesse sentido, os ministros que são escolhidos e consagrados para esse serviço prolongam no tempo a presença de Jesus, se o fizerem com o poder do Espírito Santo, em nome de Deus e com amor.

Um primeiro aspecto. Quem é ordenado é posto *como chefe da comunidade*. É "chefe", mas para Jesus significa pôr a própria autoridade ao serviço, como ele mesmo demonstrou e ensinou aos seus discípulos com estas palavras: "Vós sabeis que os chefes das nações as subjugam, e que os grandes as governam com autoridade. Não seja assim entre vós. Todo aquele que quiser tornar-se grande entre vós, seja vosso servo. E quem quiser tornar-se o primeiro entre vós, seja vosso escravo. Assim como o Filho do Homem veio, não para ser servido, mas para servir e dar a sua vida em resgate por muitos".[1] O bispo que não está a serviço da comunidade não pratica o bem; o sacerdote, o presbítero que não está a serviço da sua comunidade não faz bem, erra.

Outra característica que deriva sempre dessa união sacramental com Cristo é *o amor apaixonado pela Igreja*. Pensemos naquele trecho da Carta aos Efésios em que são Paulo diz que Cristo "amou a Igreja e se entregou por ela, para a santificar, purificando-a pela água do batismo com a palavra, e para a apresentar a si mesmo toda gloriosa, sem mácula, sem ruga, sem qualquer outro defeito semelhante".[2] Em virtude da ordem, o ministro dedica-se inteiramente à própria comunidade, amando-a com todo o seu coração: é a sua família. O bispo e o sacerdote amam a Igreja na sua comunidade, amam-na fortemente. Como? Como o próprio Cristo ama a Igreja. São Paulo dirá a mesma coisa acerca do matrimônio: o esposo ama a sua esposa como Cristo ama a Igreja. Trata-se de um grande mistério de amor: do ministério sacerdotal e do matrimônio, dois sacramentos que constituem a vereda pela qual, habitualmente, as pessoas se encaminham rumo ao Senhor.

Um último aspecto. O apóstolo Paulo recomenda ao discípulo Timóteo que não descuide, aliás, que *reavive sempre o seu dom*. A dádiva que lhe foi confiada mediante a imposição das mãos.[3] Quando não se alimenta o ministério, o ministério do bispo, o ministério do sacerdote com a oração, com a escuta da Palavra de Deus e com a celebração cotidiana da Eucaristia, mas também com uma frequentação do sacramento da penitência, acaba-se inevitavelmente por perder de vista o sentido autêntico do próprio serviço e a alegria que deriva de uma profunda comunhão com Jesus.

O bispo que não reza, o prelado que não escuta a Palavra de Deus, que não celebra todos os dias, que não se confessa regularmente e, do mesmo modo, o sacerdote que não age assim, a longo prazo perdem a união com Jesus, adquirindo uma mediocridade que não é positiva para a Igreja. Por isso, devemos ajudar os bispos e os sacerdotes a rezar, a ouvir a Palavra de Deus, que é pão cotidiano, a celebrar todos os dias a Eucaristia e a confessar-se de maneira habitual. Isso é muito importante porque diz respeito precisamente à santificação dos bispos e dos presbíteros.

Gostaria de concluir com um pensamento que me vem à mente:

mas como se deve fazer para ser sacerdote, onde se vende o acesso ao sacerdócio? Não, não se vende! Trata-se de uma iniciativa que o Senhor toma. É o Senhor que chama. E chama cada um daqueles que ele deseja como presbíteros. Talvez aqui haja alguns jovens que sentiram no seu coração esse apelo, o desejo de se tornar sacerdotes, a vontade de servir os outros em tudo aquilo que vem de Deus, o desejo de estar durante a vida inteira ao serviço para catequizar, batizar, perdoar, celebrar a Eucaristia, curar os enfermos... e assim durante a vida inteira! Se algum de vós sentiu isso no seu coração, foi Jesus que o pôs ali. Esmerai-vos por esse convite e rezai a fim de que ele prospere e dê frutos na Igreja inteira.

O VALOR DO CASAMENTO CRISTÃO

Vamos concluir esta parte dedicada aos sacramentos falando sobre o matrimônio. Esse sacramento leva-nos ao cerne do desígnio de Deus, que é um plano de aliança com o seu povo, com todos nós, um desígnio de comunhão. No início do livro do Gênesis, o primeiro livro da Bíblia, coroando a narração sobre a criação, afirma-se: "Deus criou o homem à sua imagem; criou-o à imagem de Deus, criou o homem e a mulher... Por isso, o homem deixa o seu pai e a sua mãe para se unir à sua mulher; e os dois serão uma só carne".[1] A imagem de Deus é o casal no matrimônio: o homem e a mulher; não só o homem, não somente a mulher, mas os dois juntos. Essa é a imagem de Deus: o amor, a aliança de Deus conosco está representada na aliança entre o homem e a mulher. Isso é muito bonito! Somos criados para amar, como reflexo de Deus e do seu amor. Na união conjugal, o homem e a mulher realizam essa vocação no sinal da reciprocidade e da comunhão de vida plena e definitiva.

Quando um homem e uma mulher celebram o sacramento do matrimônio, Deus, por assim dizer, "espelha-se" neles, imprime neles os seus lineamentos e o caráter indelével do seu amor. O matrimônio é o ícone do amor de Deus por nós. Com efeito, também Deus é comunhão: as três Pessoas do Pai, Filho e Espírito Santo vivem desde sempre e para sempre em unidade perfeita. É precisamente nisto que consiste o mistério do matrimônio: dos dois esposos, Deus faz uma só existência. A Bíblia usa uma expressão forte e diz "uma só carne", tão íntima é a união entre o homem e a mulher no matrimônio! Eis precisamente o mistério do matrimônio: o amor de Deus reflete-se no casal que decide viver junto. Por isso, o homem deixa a sua casa, a casa dos seus pais, e vai viver com a sua mulher, unindo-se tão fortemente a ela que os dois se tornam — reza a Bíblia — uma só carne.

Na Carta aos Efésios, são Paulo frisa que nos esposos cristãos se reflete um mistério grandioso: a relação instaurada por Cristo com a Igreja, uma relação nupcial.[2] A Igreja é a esposa de Cristo. Essa é a relação. Isso significa que o matrimônio corresponde a uma vocação específica e deve ser considerado uma consagração.[3] É uma consagração: o homem e a mulher são consagrados no seu amor. Com efeito, em virtude do sacramento, os esposos são revestidos de uma autêntica missão, para que possam tornar visível, a partir das realidades simples e ordinárias, o amor com que Cristo ama a sua Igreja, continuando a dar a vida por ela na fidelidade e no serviço.

No sacramento do matrimônio há um desígnio deveras maravilhoso! E realiza-se na simplicidade e até na fragilidade da condição humana. Bem sabemos quantas dificuldades e provas enfrenta a vida de dois esposos... O importante é manter viva a união com Deus, que está na base do vínculo conjugal. E a verdadeira unidade é sempre com o Senhor. Quando a família reza, o vínculo mantém-se. Quando o esposo reza pela esposa, e a esposa ora pelo esposo, aquela união revigora-se; um reza pelo outro. É verdade que na vida matrimonial existem muitas dificuldades, muitas; que o trabalho, que o dinheiro não é suficiente, que os filhos enfrentam problemas. Tantas dificuldades! E muitas vezes o marido e a esposa tornam-se um pouco nervosos e brigam entre si. Discutem, é assim, sempre se alterca no matrimônio, e às vezes até voam pratos! Mas não devem entristecer-

-se por isso, pois a condição humana é mesmo assim! E o segredo é que o amor é mais forte do que o momento do litígio, e é por isso que eu aconselho sempre aos cônjuges: não deixeis que termine o dia em que discutistes sem fazer as pazes. Sempre! E para fazer as pazes não é necessário chamar as Nações Unidas para que venham a casa para instaurar a paz. É suficiente um pequeno gesto, uma carícia... E até amanhã! E amanhã tudo recomeça! Esta é a vida. É preciso levá-la adiante assim, levá-la em frente com a coragem de querer vivê-la juntos. E isso é grandioso, é bonito! A vida matrimonial é realmente bela, e devemos preservá-la sempre, cuidando dos filhos. Outras vezes eu já disse algo que contribui muito para a vida matrimonial. Trata-se de três palavras que é necessário pronunciar sempre, três palavras que devem existir sempre em casa: com licença, obrigado, desculpa. Eis as três palavras mágicas. *Com licença*: para não se intrometer na vida dos cônjuges. Com licença, como te parece isto? Com licença, permite-me? *Obrigado*: agradecer ao cônjuge; obrigado por aquilo que fizeste por mim, obrigado por isto. A beleza da gratidão! E, dado que todos nós erramos, há outra palavra um pouco difícil de pronunciar, mas necessária: *desculpa*. Com licença, obrigado e desculpa. Com essas três palavras, com a oração do esposo pela esposa e vice-versa, voltando a fazer as pazes sempre antes que o dia termine, o matrimônio irá em frente. As três palavras mágicas, a oração e fazer as pazes sempre!

3

O dom do caminho

O DOM DO ESPÍRITO SANTO

"Todos ficaram cheios do Espírito Santo."[1]

Falando aos Apóstolos na Última Ceia, Jesus disse que, depois da sua partida deste mundo, lhes enviaria *o dom do Pai*, ou seja o Espírito Santo.[2] Essa promessa realiza-se poderosamente no dia de Pentecostes, quando o Espírito Santo desce sobre os discípulos congregados no Cenáculo. Aquela efusão, embora tenha sido extraordinária, não foi única nem limitada àquele momento, mas é um acontecimento que se renovou e que ainda hoje se renova. Cristo glorificado à direita do Pai continua a cumprir a sua promessa, derramando sobre a Igreja o Espírito vivificador, que nos *ensina*, nos *recorda* e nos *faz falar*.

O Espírito Santo *ensina-nos*: é o Mestre interior. Ele orienta-nos pela senda reta, através das situações da vida. Indica-nos o caminho, a vereda. Nos primórdios da Igreja, o cristianismo era conhecido como "o caminho",[3] e o próprio Jesus é o Caminho. O Espírito Santo ensina-nos a segui-lo, a caminhar nas suas pegadas. Mais do que um mestre de doutrina, o Espírito Santo é um mestre de vida. E, sem dúvida, da vida faz parte também o saber, o conhecer, mas no contexto do horizonte mais amplo e harmonioso da existência cristã.

O Espírito Santo *recorda-nos*, recorda-nos tudo aquilo que Jesus disse. É a memória viva da Igreja. E enquanto nos faz recordar, leva-nos também a compreender as palavras do Senhor.

Esse recordar no Espírito e graças ao Espírito não se reduz a um gesto mnemônico, mas constitui um aspecto essencial da presença de Cristo em nós e na sua Igreja. O Espírito de verdade e de caridade recorda-nos o que Cristo disse, leva-nos a entrar cada vez mais plenamente no sentido das suas palavras. Todos nós fazemos essa experiência: num momento, em qualquer situação, temos uma ideia e depois mais uma, que se liga a um trecho da Escritura... É o Espírito que nos leva a percorrer esse caminho: a vereda da memória viva da Igreja. E isso exige de nós uma resposta: quanto mais generosa for a resposta, tanto mais as palavras de Jesus se tornarão em nós vida, atitudes, escolhas, gestos e testemunho. Em síntese, o Espírito recorda-nos o mandamento do amor e chama-nos a vivê-lo!

Um cristão sem memória não é um cristão autêntico: é um cristão a meio caminho, é um homem ou uma mulher prisioneiro do momento, que não sabe valorizar a sua história, não sabe lê-la nem vivê-la como história de salvação. Entretanto, com a ajuda do Espírito Santo, podemos interpretar as inspirações interiores e os acontecimentos da vida à luz das palavras de Jesus. E, assim, prospera em nós a sabedoria da memória, a sapiência do coração, que é um dom do Espírito. Que o Espírito Santo reavive a memória cristã em todos nós! E naquele dia, juntamente com os Apóstolos, estava presente a Mulher da memória, aquela que desde o princípio ponderava tudo no seu coração. Estava presente Maria, nossa Mãe. Que ela nos ajude neste caminho da memória!

O Espírito Santo ensina-nos, recorda-nos e — outra sua característica — *faz-nos falar* com Deus e com os homens. Não existem cristãos mudos, emudecidos de alma; não, não há lugar para isso.

Ele leva-nos a falar com Deus na *oração*. A oração é uma dádiva que recebemos gratuitamente; é diálogo com ele no Espírito Santo, que ora em nós e nos permite dirigir-nos a Deus chamando-o Pai, *Abba*;[4] e não se trata apenas de um "modo de dizer", mas da realidade: nós somos *realmente* filhos de Deus. "Todos aqueles que são conduzidos pelo Espírito de Deus são filhos de Deus."[5]

Ele faz-nos falar no ato da fé. Nenhum de nós pode dizer "Jesus é o Senhor" — como ouvimos hoje — sem o Espírito Santo. E o Espírito leva-nos a falar com os homens no *diálogo fraterno*. Ajuda-nos a falar com os demais, reconhecendo neles irmãos e irmãs; a falar com amizade, ternura e mansidão, compreendendo as angústias e as esperanças, as tristezas e as alegrias dos outros.

Mas há mais: o Espírito Santo leva-nos a falar também aos homens na *profecia*, ou seja, transformando-nos em "canais" humildes e dóceis da Palavra de Deus. A profecia é feita com franqueza, para mostrar abertamente as contradições e as injustiças, mas sempre com mansidão e intenção construtiva. Impregnados do Espírito de amor, podemos ser sinais e instrumentos de Deus, que ama, serve e vivifica.

Recapitulando: o Espírito Santo ensina-nos o caminho; recorda-nos e explica-nos as palavras de Jesus; leva-nos a rezar e a dizer "Pai" a Deus; faz-nos falar aos homens no diálogo fraterno e leva-nos a falar na profecia.

No dia de Pentecostes, quando os discípulos "se tornaram cheios do Espírito Santo", aconteceu o batismo da Igreja, que nasceu "em saída", "em partida", para anunciar a Boa Notícia a todos. A Mãe Igreja parte para servir. Recordemos também a outra Mãe, a nossa Mãe que partiu com prontidão para servir. A Mãe Igreja e a Mãe Maria: ambas são virgens, ambas são mães, são ambas mulheres. Jesus foi peremptório com os Apóstolos: eles não deviam afastar-se de Jerusalém antes de ter recebido do alto a força do Espírito Santo.[6] Sem ele não existe a missão, e nem sequer a evangelização. Por isso, juntamente com a Igreja inteira, com a nossa Mãe Igreja católica, invoquemos: Vinde, Espírito Santo!

A SABEDORIA QUE VEM DO ESPÍRITO SANTO

O próprio Espírito é "o dom de Deus" por excelência,[1] um presente de Deus e, por sua vez, transmite vários dons a quantos o acolhem. A Igreja identifica *sete*, número que simbolicamente significa *plenitude, totalidade*; são aqueles que aprendemos quando nos preparamos para receber o sacramento da confirmação e que invocamos na antiga prece da chamada "Sequência ao Espírito Santo". Os dons do Espírito Santo são os seguintes: *sabedoria, inteligência, conselho, fortaleza, ciência, piedade* e *temor de Deus*.

Portanto, o primeiro dom do Espírito Santo, de acordo com esse elenco, é a *sabedoria*. Mas não se trata simplesmente da sabedoria humana, que é fruto do conhecimento e da experiência. Na Bíblia narra-se que, no momento da sua coroação como rei de Israel, Salomão tinha pedido o dom da sapiência.[2] E a sapiência consiste precisamente nisto: é a graça de poder *ver tudo com os olhos de Deus*. É simplesmente isto: ver o mundo, as situações, as conjunturas e os problemas, tudo, com os olhos de Deus. Nisso consiste a sabedoria. Às vezes nós vemos a realidade segundo o nosso prazer, ou em conformidade com a situação do nosso coração, com amor ou com ódio, com inveja... Não, esse não é o olhar de Deus. A sabedoria é aquilo que o Espírito Santo realiza em nós, a fim de vermos todas as realidades com os olhos de Deus. Esse é o dom da sabedoria.

E, obviamente, ele deriva da *intimidade com Deus*, da relação íntima que temos com Deus, da nossa relação de filhos com o Pai. E quando mantemos essa relação, o Espírito Santo concede-nos o dom da sabedoria. Quando estamos em comunhão com o Senhor, é como se o Espírito Santo transfigurasse o nosso coração, levando-o a sentir toda a sua veemência e predileção.

Assim, o Espírito Santo torna o cristão "sábio". Mas isso não no sentido de que ele tem uma resposta para cada coisa, que sabe tudo, mas no sentido de que "sabe" de Deus, sabe como Deus age, distingue quando algo é de Deus e quando não o é; tem aquela sabedoria que Deus infunde nos nossos corações. O coração do homem sábio, nesse sentido, tem *o gosto* e *o sabor de Deus*. E como é importante que nas nossas comunidades haja cristãos assim! Neles, tudo fala de Deus, tornando-se um sinal bonito e vivo da Sua presença e do Seu amor. É algo que não podemos improvisar, que não conseguimos alcançar sozinhos: é um dom que Deus concede àqueles que se tornam dóceis ao Espírito Santo. O Espírito Santo está dentro de nós, no nosso coração; podemos ouvi-lo, podemos escutá-lo. Se prestarmos ouvidos ao Espírito, ele ensinar-nos-á o caminho da sabedoria, incutir-nos-á a sabedoria, que consiste em ver com os olhos de Deus, ouvir com os ouvidos de Deus, amar com o coração de Deus, julgar com o juízo de Deus. Esta é a sabedoria que nos confere o Espírito Santo, e todos nós podemos tê-la. Só devemos pedi-la ao Espírito Santo.

Pensai numa mãe, em casa com os seus filhos; quando um deles faz algo, o segundo pensa noutra travessura e a pobre mãe vai de um lado para o outro, com os problemas das crianças. E quando as mães se cansam e repreendem os filhos, qual é a sabedoria? Ralhar com os filhos — pergunto-vos — é sabedoria? O que dizeis: é sabedoria ou não? Não! Ao contrário, quando a mãe pega no seu filho e o repreende docilmente, dizendo-lhe: "Não faças isto, por este motivo...", explicando-lhe com muita paciência, isto é sabedoria de Deus? Sim! É quanto nos dá o Espírito Santo na vida! Além disso, por exemplo, no matrimônio, os dois cônjuges — o esposo e a esposa — brigam e depois não se olham no rosto, ou quando se olham fazem-no de cara torta: isto é sabedoria de Deus? Não! Ao contrário, quando dizem: "Bem, passou a tempestade, façamos as pazes", e retomam o caminho em frente, em paz: isto é sabedoria? Eis no que consiste o dom da sabedoria! Que haja em casa, com as crianças e com todos nós!

E isso não se aprende: trata-se de um dom do Espírito Santo. Por isso, devemos pedir ao Senhor que nos conceda o Espírito Santo e nos confira a dádiva da *sabedoria*, daquela *sapiência de Deus* que nos ensina a ver com os olhos de Deus, a sentir com o coração de Deus e a falar com as palavras de Deus. E assim, com essa sabedoria, vamos em frente, construamos a família, edifiquemos a Igreja santificando-nos a todos. Hoje peçamos a graça da sabedoria. E peçamo-la a Nossa Senhora, que é a Sede da sabedoria, desse dom: que ela nos conceda essa graça.

A CAPACIDADE DE CONHECER OS DESÍGNIOS DE DEUS

Depois de ter meditado sobre a sabedoria, como primeiro dos sete dons do Espírito Santo, gostaria hoje de chamar a atenção para o segundo dom, ou seja, a inteligência. Aqui, não se trata da inteligência humana, da capacidade intelectual de que podemos ser mais ou menos dotados. Ao contrário, é uma graça que só o Espírito Santo pode infundir e que suscita no cristão a capacidade de ir além do aspecto externo da realidade e *perscrutar as profundidades do pensamento de Deus e do seu desígnio de salvação.*

Dirigindo-se à comunidade de Corinto, o apóstolo Paulo descreve bem os efeitos desse dom — ou seja, como age em nós o dom da inteligência — e diz o seguinte: "Coisas que os olhos não viram, nem os ouvidos ouviram, nem o coração humano imaginou, tais são os bens que Deus preparou para aqueles que o amam. Todavia, Deus no-los revelou pelo seu Espírito".[1] Obviamente, isso não significa que o cristão pode compreender tudo e ter um conhecimento completo dos desígnios de Deus: tudo isso permanece à espera de se manifestar em toda a sua limpidez, quando nos encontrarmos na presença de Deus e formos verdadeiramente um só com ele. No entanto, como sugere a própria palavra, a inteligência permite *"intus legere"*, ou seja, "ler dentro": essa dádiva faz-nos compreender a realidade como o próprio Deus a entende, isto é, com a inteligência de Deus. Porque podemos compreender uma situação com a inteligência humana, com prudência, e isto é um bem. Contudo, compreender uma situação em profundidade, como Deus a entende, é o efeito desse dom. E Jesus quis enviar-nos o Espírito Santo para que também nós tenhamos esse dom, para que todos nós consigamos entender a realidade como Deus a compreende, com a inteligência de Deus. Trata-se de um bonito presente que o Senhor concedeu a todos nós. É o dom com que o Espírito Santo nos introduz na intimidade com Deus, tornando-nos partícipes do desígnio de amor que ele tem em relação a nós.

Então, é claro que o dom da inteligência está *intimamente ligado à fé*. Quando *o Espírito Santo* habita o nosso coração e ilumina a nossa mente, faz-nos crescer dia após dia na *compreensão daquilo que o Senhor disse e levou a cabo*. O próprio Jesus disse aos seus discípulos: enviar-vos-ei o Espírito Santo e ele far-vos-á entender tudo o que vos ensinei. Compreender os ensinamentos de Jesus, entender a sua Palavra, compreender o Evangelho, entender a Palavra de Deus. Podemos ler o Evangelho e entender algo, mas se lermos o Evangelho com esse dom do Espírito Santo conseguiremos compreender a profundidade das palavras de Deus. Esse é um grande dom, uma dádiva enorme que todos nós devemos pedir, e pedir juntos: concedei-nos, ó Senhor, o dom da inteligência!

Há um episódio do Evangelho de Lucas que explica muito bem a profundidade e a força desse dom. Depois de ter assistido à morte na cruz e à sepultura de Jesus, dois dos seus discípulos, desiludidos e amargurados, deixam Jerusalém e voltam para o seu povoado, chamado Emaús. Enquanto caminham, Jesus ressuscitado aproxima-se deles e começa a falar-lhes, mas os seus olhos, velados pela tristeza e até pelo desespero, não são capazes de o reconhecer. Jesus caminha ao seu lado, mas eles sentem-se tão tristes, tão desesperados, que não o reconhecem. Contudo, quando o Senhor lhes explicou as Escrituras para que compreendessem que ele devia ter sofrido e morrido para depois ressuscitar, *as suas mentes abriram-se e nos seus corações voltou a acender-se* a esperança.[2] E é isto que nos faz o Espírito Santo: abre-nos a mente, abre-nos para nos fazer entender melhor, para nos levar a compreender melhor as disposições de Deus, as realidades humanas, as situações, tudo. O dom da inteligência é importante para a nossa vida cristã. Peçamos ao Senhor que nos conceda a todos esse dom, a fim de nos fazer compreender, como ele mesmo entende, as situações que acontecem e para que compreendamos, sobretudo, a Palavra de Deus no Evangelho.

O CONSELHO QUE ILUMINA NOSSO CAMINHO

Lemos no livro dos Salmos: "Bendito o Senhor que me aconselha; durante a noite a minha consciência me adverte".[1] Este é outro dom do Espírito Santo: o dom do conselho. Sabemos como é importante, nos momentos mais delicados, poder contar com sugestões de pessoas sábias e que nos amam. Através do conselho, é o próprio Deus, com o seu Espírito, que ilumina o nosso coração, fazendo com que compreendamos o modo justo de falar e de nos comportar, e o caminho que devemos seguir. Mas como age esse dom em nós?

No momento em que o recebemos e o hospedamos no nosso coração, o Espírito Santo começa imediatamente a tornar-nos sensíveis à sua voz e a orientar os nossos pensamentos, sentimentos e intenções segundo o coração de Deus. Ao mesmo tempo, leva-nos cada vez mais a dirigir o olhar interior para Jesus, como modelo do nosso modo de agir e de nos relacionar com Deus Pai e com os irmãos. Portanto, o conselho é o dom com o qual o Espírito Santo *torna a nossa consciência capaz de fazer uma escolha concreta em comunhão com Deus*, segundo a lógica de Jesus e do seu Evangelho. Dessa maneira, o Espírito faz-nos crescer interior e positivamente, faz-nos crescer na comunidade e ajuda-nos a não cair na armadilha do egoísmo e do nosso próprio modo de ver as coisas. O Espírito ajuda-nos a crescer e a viver em comunidade. A condição essencial para conservar esse dom é a oração. Voltamos sempre ao mesmo tema: a oração! Mas o tipo de oração não é tão importante. Podemos rezar com as preces que todos sabemos desde crianças, mas também com as nossas palavras. Pedir ao Senhor: "Senhor, ajudai-me, aconselhai-me, o que devo fazer agora?". E com a oração damos espaço para que o Espírito venha e nos ajude naquele momento, nos aconselhe sobre o que devemos fazer. A oração! Nunca esquecer a oração. Nunca! Ninguém nota quando rezamos no ônibus, pelas ruas: rezamos em silêncio com o coração. Aproveitemos esses momentos para rezar a fim de que o Espírito nos conceda o dom do conselho.

Na intimidade com Deus e na escuta da sua Palavra, começamos gradualmente a abandonar a nossa lógica pessoal, ditada muitas vezes pelos nossos fechamento, preconceitos e ambições, e aprendemos a perguntar ao Senhor: qual é o teu desejo? Qual é a tua vontade? O que te agrada? Desse modo, amadurece em nós uma *sintonia profunda*, quase conatural no Espírito, e podemos experimentar como são verdadeiras as palavras de Jesus apresentadas no Evangelho de Mateus: "Não vos preocupeis com o que haveis de falar nem com o que haveis de dizer; ser-vos-á inspirado o que tiverdes de dizer. Não sereis vós a falar, é o Espírito do vosso Pai que falará por vós".[2]

É o Espírito que vos aconselha, mas devemos dar espaço ao Espírito, para que possa aconselhar. E dar espaço é rezar para que ele venha e nos ajude sempre.

Como todos os outros dons do Espírito, também o conselho constitui um tesouro *para toda a comunidade cristã*. O Senhor não nos fala só na intimidade do coração, fala-nos sim, mas não só ali, fala-nos também através da voz e do testemunho dos irmãos. É deveras um dom importante poder encontrar homens e mulheres de fé que, sobretudo nos momentos mais complicados e importantes da nossa vida, nos ajudam a iluminar o nosso coração e a reconhecer a vontade do Senhor!

Recordo-me que uma vez, no santuário de Luján, estava no confessionário, diante do qual havia uma fila longa. Havia também um jovem muito moderno, com brincos, tatuagens, todas essas coisas... Veio para me dizer o que lhe acontecia. Era um problema grave, difícil. E disse-me: contei tudo à minha mãe e ela disse-me: conta isto a Nossa Senhora e ela dir-te-á o que deves fazer. Eis uma mulher que tinha o dom do conselho. Não sabia como resolver o problema do filho, mas indicou a estrada justa: vai ter com Nossa Senhora e ela dirá. Este é o dom do conselho. Aquela mulher humilde, simples, deu ao filho o conselho mais verdadeiro. De fato, o jovem disse-me: olhei para Nossa Senhora e sinto que devo fazer isto, isto e isto... Nem precisei falar, já tinham falado tudo a sua mãe e o próprio jovem. Esse é o dom do conselho. Vós, mães, tendes esse dom, pedi-o para os vossos filhos, o dom de aconselhar os filhos é um dom de Deus.

Queridos amigos, o Salmo 16, que acabamos de ver, convida-nos a rezar com estas palavras: "Bendito o Senhor que me aconselha; durante a noite a minha consciência me adverte. Tenho sempre o Senhor diante dos meus olhos, está à minha direita e jamais vacilarei".[3] Que o Espírito possa infundir sempre no nosso coração essa certeza e encher-nos com sua consolação e paz! Pedi sempre o dom do conselho.

A FORTALEZA QUE NOS DÁ FORÇA

Já refletimos sobre os primeiros dons do Espírito Santo: a sabedoria, a inteligência e o conselho. Hoje pensemos naquilo que o Senhor faz: ele vem sempre para nos *apoiar nas nossas debilidades* e o faz com um dom especial: o dom da *fortaleza*.

Existe uma *parábola*, narrada por Jesus, que nos ajuda a compreender a importância desse dom. Um *semeador* foi semear; porém, nem toda semente que lançava dava fruto. A parte que caiu à beira do caminho foi comida pelas aves; a que caiu em terreno pedregoso ou no meio da sarça brotou, mas foi imediatamente secada pelo sol ou sufocada pelos espinhos. Só a que caiu em boa terra germinou e deu fruto.[1] Como o próprio Jesus explica aos discípulos, esse semeador representa o Pai, que lança abundantemente a semente da sua Palavra. A semente, contudo, depara-se com a aridez do nosso coração e, mesmo quando é acolhida, corre o risco de permanecer estéril. Ao contrário, com o dom da fortaleza, o Espírito Santo *liberta o terreno do nosso coração*, liberta-o do torpor, das incertezas e de todos os temores que podem detê-lo, de modo que a Palavra do Senhor seja posta em prática, de forma autêntica e jubilosa. Esse dom da fortaleza é uma verdadeira ajuda, dá-nos força, liberta-nos também de tantos impedimentos.

Há inclusive alguns *momentos difíceis* e *situações extremas* em que o dom da fortaleza se manifesta de forma extraordinária, exemplar. É o caso daqueles que devem enfrentar experiências particularmente difíceis e dolorosas, que transtornam a sua vida e a dos seus entes queridos. A Igreja resplandece com o testemunho de muitos *irmãos e irmãs que não hesitaram em oferecer a própria vida* para permanecer fiéis ao Senhor e ao Evangelho. Também hoje não faltam cristãos que em várias partes do mundo continuam a celebrar e a testemunhar a sua fé, com profunda convicção e serenidade, e resistem mesmo quando sabem que isso pode implicar um preço mais alto. Também nós, todos nós, conhecemos pessoas que viveram situações difíceis, muitas dores. Mas pensemos naqueles homens, naquelas mulheres, que enfrentam uma vida difícil, lutam para sustentar a família, educar os filhos: fazem tudo isso porque há o espírito de fortaleza que os ajuda. Quantos homens e mulheres — nós não conhecemos os seus nomes — honram o nosso povo, honram a nossa Igreja, porque são fortes: fortes ao levar em frente a própria vida, a própria família, o seu trabalho, a sua fé. Esses nossos irmãos e irmãs são santos, santos no dia a dia, santos escondidos no meio de nós: têm precisamente o dom da fortaleza para cumprir o seu dever de pessoas, pais, mães, irmãos, irmãs, cidadãos. Temos muitos! Agradecemos ao Senhor por esses cristãos que têm uma santidade escondida: é o Espírito Santo que têm dentro que os leva em frente! E far-nos-á bem pensar nessas pessoas: se elas têm tudo isso, se elas o podem fazer, por que nós não? E far-nos-á bem também pedir ao Senhor que nos dê o dom da fortaleza.

Não devemos pensar que o dom da fortaleza seja necessário só em determinadas ocasiões e situações particulares. Esse dom deve constituir o fundamento do nosso ser cristãos, na *rotina da nossa vida cotidiana*. Como disse, em todos os dias da vida cotidiana devemos ser fortes, precisamos dessa fortaleza, para fazer avançar a nossa vida, a nossa família, a nossa fé. O apóstolo Paulo pronunciou uma frase que nos fará bem ouvir: "Tudo posso naquele que me fortalece".[2] Quando enfrentamos a vida comum, quando chegam as dificuldades, recordemos isto: "Tudo posso naquele que me fortalece". O Senhor dá a força, sempre, não a faz faltar. O Senhor não nos dá prova maior do que a que podemos suportar. Ele está sempre conosco. "Tudo posso naquele que me fortalece."

Queridos amigos, por vezes, podemos ser tentados a deixar-nos levar pela inércia, ou pior, pelo desconforto, sobretudo diante das dificuldades e das provações da vida. Nesses casos, não desanimemos, invoquemos o Espírito Santo, para que com o dom da fortaleza possa aliviar o nosso coração e comunicar nova força e entusiasmo à nossa vida e para que possamos seguir a Jesus.

O CUIDADO COM A BELEZA DA CRIAÇÃO

Vamos elucidar mais um dom do Espírito Santo, a dádiva da *ciência*. Quando se fala de ciência, o pensamento dirige-se imediatamente para a capacidade que o homem tem de conhecer cada vez melhor a realidade que o circunda e de descobrir as leis que regulam a natureza e o universo. Contudo, a ciência que deriva do Espírito Santo não se limita ao conhecimento humano: trata-se de um dom especial, que nos leva a entender, através da criação, a grandeza e o amor de Deus e a sua profunda relação com cada criatura.

Quando são iluminados pelo Espírito, os nossos olhos abrem-se à contemplação de Deus, na beleza da natureza e na grandiosidade do cosmos, levando-nos *a descobrir como tudo nos fala dele e do seu amor*. Tudo isso suscita em nós um grandioso enlevo e um profundo sentido de gratidão! É a sensação que sentimos também quando admiramos uma obra de arte, ou qualquer maravilha que seja fruto do engenho e da criatividade do homem: diante de tudo isso, o Espírito leva-nos a louvar o Senhor do profundo do nosso coração e a reconhecer, em tudo aquilo que temos e somos, um dom inestimável de Deus e um sinal do seu amor infinito por nós.

No primeiro capítulo do Gênesis, precisamente no início da Bíblia inteira, põe-se em evidência que Deus se compraz com a sua criação, sublinhando reiteradamente a beleza e a bondade de tudo. No final de cada dia está escrito: "Deus viu que isso era bom":[1] se Deus vê que a criação é boa, é bela, também nós devemos assumir essa atitude e ver que a criação é boa e bela. Eis o dom da ciência, que nos faz ver essa beleza; portanto, louvemos a Deus, dando-lhe graças por nos ter concedido tanta beleza! E quando Deus terminou de criar o homem, não disse "viu que isso era bom", mas disse que era "muito bom".[2] Aos olhos de Deus, nós somos a realidade mais bela, maior, melhor da criação: até os anjos estão abaixo de nós, somos mais do que os anjos, como ouvimos no livro dos Salmos. O Senhor nos ama! Devemos dar-lhe graças por isso. O dom da ciência põe-nos em profunda *sintonia com o Criador*, levando-nos a participar da limpidez do seu olhar e do seu juízo. E é nessa perspectiva que conseguimos encontrar no homem e na mulher o ápice da criação, como cumprimento de um desígnio de amor que está gravado em cada um de nós e que nos faz reconhecer-nos como irmãos e irmãs.

Tudo isso é motivo de serenidade e de paz, e faz do cristão uma testemunha jubilosa de Deus, no sulco de são Francisco de Assis e de muitos santos que souberam louvar e cantar o seu amor através da contemplação da criação. Mas, ao mesmo tempo, o dom da ciência ajuda-nos a não cair em algumas atitudes excessivas ou erradas. A primeira é constituída pelo risco de nos considerarmos senhores da criação. A criação não é uma propriedade, que podemos manipular a nosso bel-prazer; nem muito menos uma propriedade que pertence só a alguns, a poucos: a criação é um dom, uma dádiva maravilhosa que Deus nos concedeu, para *cuidarmos dela e a utilizarmos em benefício de todos, sempre com grande respeito e gratidão*. A segunda atitude errada é representada pela tentação de nos limitarmos às criaturas, como se elas pudessem oferecer a resposta a todas as nossas expectativas. Com o dom da ciência, o Espírito ajuda-nos a não cair nesse erro.

Mas gostaria de voltar a meditar sobre o primeiro caminho errado: manipular a criação, em vez de a preservar. Devemos conservar a criação, porque é uma dádiva que o Senhor nos concedeu, um dom que Deus nos ofereceu; nós somos guardas da criação. Quando exploramos a criação, destruímos o sinal do amor de Deus. Destruir a criação significa dizer ao Senhor: "Não me agrada". E isso não é bom: eis o pecado!

A preservação da criação é precisamente a conservação do dom de Deus; e significa dizer a Deus: "Obrigado, eu sou o guardião da criação, mas para a fazer prosperar, e não para destruir a tua dádiva!". Esta deve ser a nossa atitude em relação à criação: preservá-la, pois, se aniquilarmos a criação, será ela que nos destruirá! Não esqueçais isto! Certa vez eu estava no campo e ouvi o dito de uma pessoa simples, que gostava muito de flores e que as preservava. Ela disse-me: "Devemos conservar estas belezas que Deus nos concedeu; a criação é para nós, a fim de nos beneficiarmos dela; não a devemos explorar, mas conservar, porque *Deus perdoa sempre*; *nós, homens, perdoamos algumas vezes, mas a criação nunca perdoa, e se tu não a preservares, ela destruir-te-á!*".

Que isso nos leve a pensar e a pedir ao Espírito Santo a dádiva da ciência, para compreender bem que a criação é o dom mais bonito de Deus. Ele fez muitas coisas boas para a melhor coisa, que é a pessoa humana.

A PIEDADE E O NÃO PIETISMO

Agora desejamos meditar sobre um dom do Espírito Santo que muitas vezes é mal entendido ou considerado de modo superficial, mas, ao contrário, refere-se ao cerne da nossa identidade e da nossa vida cristã: trata-se do dom da *piedade*.

É necessário esclarecer imediatamente que esse dom não se identifica com a compaixão por alguém, a piedade pelo próximo, mas indica a nossa pertença a Deus e o nosso vínculo profundo com ele, um elo que dá sentido a toda nossa vida e que nos mantém firmes, em comunhão com ele, até nos momentos mais difíceis e atormentados.

Esse vínculo com o Senhor não deve ser entendido como um dever ou imposição. É uma ligação que vem de dentro. Trata-se de *uma relação vivida com o coração*: é a nossa amizade com Deus que nos foi concedida por Jesus, uma amizade que transforma a nossa vida e nos enche de entusiasmo e alegria. Por isso, o dom da piedade suscita em nós, antes de tudo, a gratidão e o louvor. Com efeito, esse é o motivo e o *sentido mais autêntico do nosso culto e da nossa adoração*. Quando o Espírito Santo nos faz sentir a presença do Senhor e todo o seu amor por nós, aquece o nosso coração e leva-nos quase naturalmente à oração e à celebração. Portanto, piedade é sinônimo de espírito religioso genuíno, de confiança filial em Deus e da capacidade de lhe rezar com amor e simplicidade, que é própria das pessoas humildes de coração.

Se o dom da piedade nos faz crescer na relação e na comunhão com Deus, levando-nos a viver como seus filhos, ao mesmo tempo ajuda-nos a *derramar esse amor também sobre os outros e a reconhecê-los como irmãos*. Então, sim, seremos impelidos por sentimentos de piedade — não de pietismo! — pelos que estão ao nosso lado e por quantos encontramos todos os dias. Por que razão digo não de pietismo? Porque alguns pensam que ter piedade significa fechar os olhos, fazer cara de santinho, disfarçar-se de santo. Em piemontês, nós dizemos: ser "*mugna quacia*" ("fingido"). Não é essa a dádiva da piedade. O dom da piedade significa ser verdadeiramente capaz de se alegrar com quantos estão alegres, de chorar com quem chora, de estar próximo daquele que está sozinho ou angustiado, de corrigir quantos erram, de consolar quem está aflito, de acolher e socorrer aquele que está em necessidade. Há uma relação muito estreita entre o dom da piedade e o da mansidão. A dádiva da piedade, que recebemos do Espírito

Santo, torna-nos mansos, tranquilos, pacientes e em paz com Deus, pondo-nos ao serviço do próximo com mansidão.

Caros amigos, na Carta aos Romanos, o apóstolo Paulo afirma: "Todos os que são conduzidos pelo Espírito de Deus são filhos de Deus. Porquanto, não recebestes um espírito de escravidão para viverdes ainda no temor, mas recebestes o espírito de adoção pelo qual clamamos: 'Abba! Pai!'".[1] Peçamos ao Senhor que a dádiva do seu Espírito possa vencer o nosso temor, as nossas incertezas e até o nosso espírito irrequieto, impaciente, e possa tornar-nos testemunhas jubilosas de Deus e do seu amor, adorando o Senhor na verdade e também no serviço ao próximo com mansidão e com o sorriso que o Espírito Santo sempre nos proporciona na alegria. Que o Espírito Santo nos conceda a todos esse dom da piedade.

O VERDADEIRO TEMOR DE DEUS

O dom do *temor de Deus*, do qual hoje falamos, conclui a série dos sete dons do Espírito Santo. Não significa ter medo de Deus: sabemos que Deus é Pai e nos ama, quer a nossa salvação e nos perdoa sempre; por isso, não há motivo para ter medo dele! Ao contrário, o temor de Deus é o dom do Espírito que nos recorda como somos pequenos diante de Deus e do seu amor, e que o nosso bem está no nosso abandono com humildade, respeito e confiança nas suas mãos. Este é o temor de Deus: o abandono à bondade do nosso Pai, que nos ama imensamente.

Quando o Espírito Santo faz a sua morada no nosso coração, infunde-nos consolação e paz, levando-nos a sentir-nos como somos, isto é, pequeninos, com aquela atitude — tão recomendada por Jesus no Evangelho — de quem põe todas as suas preocupações e expectativas em Deus, sentindo-se abraçado e sustentado pelo seu calor e pela sua salvaguarda, precisamente como uma criança com o seu pai! É isto que faz o Espírito Santo nos nossos corações: leva-nos a sentir-

-nos como crianças no colo do nosso pai. Então, nesse sentido, compreendemos bem que o temor de Deus assume em nós a forma da docilidade, do reconhecimento e do louvor, enchendo de esperança o nosso coração. Com efeito, muitas vezes não conseguimos entender o desígnio de Deus e damo-nos conta de que não somos capazes de assegurar sozinhos a nossa felicidade e a vida eterna. Mas é precisamente na experiência dos nossos limites e da nossa pobreza que o Espírito nos conforta e nos leva a sentir que a única coisa importante é deixar-nos conduzir por Jesus para os braços do seu Pai.

Eis por que motivo temos tanta necessidade desse dom do Espírito Santo. O temor de Deus faz-nos ter consciência de que tudo é graça e que a nossa verdadeira força consiste unicamente em seguir o Senhor Jesus e em deixar que o Pai possa derramar sobre nós a sua bondade e misericórdia. Abramos o coração, para receber a bondade e a misericórdia de Deus. É isto que faz o Espírito Santo mediante o dom do temor de Deus: abre os corações. Mantenhamos o coração aberto para deixar entrar o perdão, a misericórdia, a bondade e os afagos do Pai, porque nós somos filhos infinitamente amados.

Quando estamos repletos do temor de Deus, então somos levados a seguir o Senhor com humildade, docilidade e obediência. Mas não com atitude resignada e passiva, até lamentosa, e sim com a admiração e a alegria de um filho que se reconhece servido e amado pelo Pai. Portanto, o temor de Deus não faz de nós cristãos tímidos e remissos, mas gera em nós coragem e força! É uma dádiva que faz de nós cristãos convictos e entusiastas, que não permanecem submetidos ao Senhor por medo, mas porque se sentem comovidos e conquistados pelo seu amor! Ser conquistado pelo amor de Deus! Isto é bom! Deixemo-nos conquistar por esse amor de pai, que nos ama muito, que nos ama com todo o seu coração.

Mas estejamos atentos, pois a dádiva de Deus, o dom do temor de Deus constitui também um "alarme" diante da obstinação do pecado. Quando uma pessoa vive no mal, quando blasfema contra Deus, quando explora o próximo, quando o tiraniza, quando vive só para o dinheiro, a vaidade, o poder ou o orgulho, então o santo temor de Deus alerta-nos: atenção! Com todo esse poder, com todo esse dinheiro, com todo o teu orgulho, com toda a tua vaidade não serás feliz! Ninguém consegue levar consigo para o além o dinheiro, o poder, a vaidade ou o orgulho. Nada! Só podemos levar o amor que Deus Pai nos concede, as carícias de Deus, aceitas e recebidas por nós com amor. E podemos levar aquilo que fizermos pelo próximo. Estejamos atentos a não pôr a esperança no dinheiro, no orgulho, no poder e na vaidade, pois tudo isso não nos pode prometer nada de bom! Por exemplo, penso nas pessoas que têm responsabilidades sobre os outros e se deixam corromper; pensais que uma pessoa corrupta será feliz no além? Não, todo o fruto do seu suborno corrompeu o seu coração e será difícil alcançar o Senhor. Penso em quantos vivem do tráfico de pessoas e do trabalho escravo; pensais que quantos traficam pessoas, que exploram o próximo com o trabalho escravo têm o amor de Deus no seu coração? Não, não têm temor de Deus e não são felizes. Não o são! Penso naqueles que fabricam armas para fomentar as guerras; mas que profissão é essa! Estou convicto de que se agora eu vos dirigir a pergunta: quantos de vós sois fabricantes de armas? Nenhum, ninguém! Esses fabricantes de armas não vêm para ouvir a Palavra de Deus! Eles fabricam a morte, são mercadores da morte, fazem da morte mercadoria. Que o temor de Deus os leve a compreender que um dia tudo acaba e que deverão prestar contas a Deus.

4

O testemunho do caminho

TRANSMITIR A FÉ RECEBIDA

Quem se abriu ao amor de Deus, acolheu a sua voz e recebeu a sua luz, não pode guardar esse dom para si. Uma vez que é escuta e visão, a fé transmite-se também como palavra e como luz; dirigindo-se aos coríntios, o apóstolo Paulo utiliza precisamente essas duas imagens. Por um lado, diz: "Animados do mesmo espírito de fé, conforme o que está escrito: *Acreditei e por isso falei*, também nós acreditamos e por isso falamos";[1] a palavra recebida faz-se resposta, confissão e, assim, ecoa para os outros, convidando-os a crer. Por outro, são Paulo refere-se também à luz: "E nós todos que, com o rosto descoberto, refletimos a glória do Senhor, somos transfigurados na sua própria imagem";[2] é uma luz que se reflete de rosto em rosto, como sucedeu com Moisés, cujo rosto refletia a glória de Deus depois de ter falado com ele: "[Deus] brilhou nos nossos corações, para irradiar o conhecimento da glória de Deus, que resplandece na face de Cristo".[3] A luz de Jesus brilha no rosto dos cristãos como num espelho, e assim se difunde, chegando até nós, para que também nós possamos participar dessa visão e refletir para outros a sua luz, da mesma forma que a luz do círio, na liturgia de Páscoa, acende muitas outras velas. A fé transmite-se, por assim dizer, sob a forma de contato, de pessoa a pessoa, como uma chama se acende noutra chama. Os cristãos, na sua pobreza, lançam uma semente tão fecunda que se torna uma grande árvore, capaz de encher o mundo de frutos.

A transmissão da fé, que brilha para as pessoas de todos os lugares, passa também através do eixo do tempo, de geração em geração. Dado que a fé nasce de um encontro que acontece na história e ilumina o nosso caminho no tempo, ela deve ser transmitida ao longo dos séculos. É através de uma cadeia ininterrupta de testemunhos que nos chega o rosto de Jesus. Como é possível isto? Como se pode estar seguro de beber no "verdadeiro Jesus" através dos séculos? Se o homem fosse um indivíduo isolado, se quiséssemos partir apenas do "eu" individual, que pretende encontrar em si próprio a firmeza do seu conhecimento, tal certeza seria impossível; não posso, por mim mesmo, ver aquilo que aconteceu numa época tão distante de mim. Mas esta não é a única maneira de o homem conhecer; a pessoa vive sempre em relação: provém de outros, pertence a outros, a sua vida torna-se maior no encontro com os outros; o próprio conhecimento e consciência de nós mesmos são de tipo relacional e estão ligados a outros que nos precederam, a começar pelos nossos pais, que nos deram a vida e o nome. A própria linguagem, as palavras com que interpretamos a nossa vida e a realidade inteira chegam-nos através dos outros, conservadas na memória viva de outros; o conhecimento de nós próprios só é possível quando participamos de uma memória mais ampla. O mesmo acontece com a fé, que leva à plenitude o modo humano de entender: o passado da fé, aquele ato de amor de Jesus que gerou no mundo uma vida nova, chega até nós na memória de outros, das testemunhas, guardado vivo naquele sujeito único de memória que é a Igreja; esta é uma Mãe que nos ensina a falar a linguagem da fé. São João insistiu nesse aspecto no seu Evangelho, unindo fé e memória e associando as duas à ação do Espírito Santo, que, como diz Jesus, "há-de recordar-vos tudo".[4] O Amor, que é o

Espírito e que habita na Igreja, mantém unidos entre si todos os tempos e faz-nos contemporâneos de Jesus, tornando-se assim o guia do nosso caminho na fé.

É impossível crer sozinhos. A fé não é só uma opção individual que se realiza na interioridade do crente, não é uma relação isolada entre o "eu" do fiel e o "Tu" divino, entre o sujeito autônomo e Deus; mas, por sua natureza, abre-se ao "nós", verifica-se sempre dentro da comunhão da Igreja. Assim no-lo recorda a forma dialogada do *Credo*, que se usa na liturgia batismal. O crer exprime-se como resposta a um convite, a uma palavra que não provém de mim, mas deve ser escutada; por isso, insere-se no interior de um diálogo, não pode ser uma mera confissão que nasce do indivíduo: só é possível responder "creio" em primeira pessoa porque se pertence a uma comunhão grande, porque também se diz "cremos". Essa abertura ao "nós" eclesial realiza-se de acordo com a abertura própria do amor de Deus, que não é apenas relação entre Pai e Filho, entre "eu" e "tu", mas, no Espírito, é também um "nós", uma comunhão de pessoas. Por isso mesmo, quem crê nunca está sozinho; e, pela mesma razão, a fé tende a difundir-se, a convidar outros para a sua alegria. Quem recebe a fé descobre que os espaços do próprio "eu" se alargam, gerando-se nele novas relações que enriquecem a vida. Assim o exprimiu vigorosamente Tertuliano ao dizer do catecúmeno que, tendo sido recebido numa nova família "depois do banho do novo nascimento", é acolhido na casa da Mãe para erguer as mãos e rezar, juntamente com os irmãos, o *Pai Nosso*.

TESTEMUNHAR A FÉ

Falando da transmissão da fé, quero refletir convosco sobre três aspectos muito importantes: o primado do testemunho, a urgência de ir ao encontro do próximo, e um programa pastoral centrado no essencial.

Na nossa época verifica-se com frequência uma atitude de indiferença em relação à fé, que deixou de ser considerada relevante na vida do homem. Nova evangelização significa despertar no coração e na mente dos nossos contemporâneos a vida da fé. A fé é um dom de Deus, mas é importante que nós, cristãos, demonstremos que vivemos a fé de maneira concreta, através do amor, da concórdia, da alegria e do sofrimento, porque isso desperta interrogações, como no início do caminho da Igreja: por que vivem assim? O que os impele? São perguntas que levam ao cerne da evangelização, que é o *testemunho* da fé e da caridade. Do que precisamos, especialmente nesta época, são testemunhas de credibilidade que, com a vida e também com a palavra, tornem o Evangelho visível, despertem a atração por Jesus Cristo e pela beleza de Deus.

Muitas pessoas afastaram-se da Igreja. É errado descarregar as culpas de um lado ou do outro; aliás, nem é justo falar de culpas. Existem responsabilidades na história da Igreja e dos seus homens, tanto em determinadas ideologias como nas pessoas individualmente. Como filhos da Igreja, devemos continuar o caminho do Concílio Vaticano II, despojar-nos de coisas inúteis e prejudiciais, de falsas seguranças mundanas que pesam sobre a Igreja e danificam a sua face.

São necessários cristãos que tornem visível aos homens de hoje a misericórdia de Deus, a sua ternura por todas as criaturas. Todos nós sabemos que a crise da humanidade contemporânea não é superficial, mas profunda. Por isso, enquanto exorta a ter a coragem de ir contra a corrente, de se converter dos ídolos para o único Deus verdadeiro, a nova evangelização não pode deixar de recorrer à linguagem da misericórdia, feita de gestos e de atitudes, antes ainda que de palavras. A Igreja, no meio da humanidade de hoje, diz: Vinde a Jesus, vós todos que estais cansados e oprimidos, e encontrareis descanso para as vossas almas.[1] Vinde a Jesus! Só ele tem palavras de vida eterna.

Cada batizado é *"cristoforo"*, ou seja, portador de Cristo, como diziam os antigos Padres. Quem encontrou Cristo, como a samaritana no poço, não pode conservar essa experiência para si, mas sente o desejo de a compartilhar, para levar outras pessoas a Jesus.[2] Todos nós devemos perguntar se quem se encontra conosco sente na nossa vida o entusiasmo da fé, se vê no nosso rosto a alegria de ter encontrado Cristo!

Aqui, passamos ao segundo aspecto: o encontro, o *ir ao encontro do próximo*. A nova evangelização é um movimento renovado rumo àqueles que perderam a fé e o sentido profundo da vida. Esse dinamismo faz parte da grande missão de Cristo, de anunciar a vida ao mundo, o amor do Pai pela humanidade. O Filho de Deus "saiu" da sua condição divina e veio ao nosso encontro. A Igreja encontra-se no interior desse movimento, e cada cristão é chamado a ir ao encontro do seu próximo, a dialogar com quantos não pensam como nós, com aqueles que seguem outro credo ou com quantos não têm fé. É preciso encontrar o próximo, porque aquilo que nos irmana é o fato de termos sido todos criados à imagem e semelhança de Deus. Podemos ir ao encontro de todos, sem medo e sem renunciar à nossa pertença.

Ninguém está excluído da esperança da vida, do amor de Deus. A Igreja é enviada a despertar essa esperança em toda parte, de maneira especial onde ela está asfixiada por condições existenciais difíceis, às vezes desumanas, onde a esperança não respira, onde sufoca. É necessário o oxigênio do Evangelho, do sopro do Espírito de Cristo Ressuscitado, para voltar a acendê-la nos corações. A Igreja é a casa cujas portas estão sempre abertas, não somente para que cada um possa encontrar acolhimento no seu interior e aí respirar o amor e a esperança, mas também a fim de que possamos sair para levar esse amor e essa esperança. O Espírito Santo impele-nos para sairmos do nosso espaço e orienta-nos até a periferia da humanidade.

No entanto, na Igreja nada disso é deixado ao acaso, à improvisação. E isso exige o compromisso de todos para um programa pastoral que evoque o essencial e esteja *bem centrado no essencial, ou seja, em Jesus Cristo*. É inútil dispersar-se em numerosas atividades secundárias ou até supérfluas; é preciso concentrar-se na realidade fundamental, que é o encontro com Cristo, com a sua misericórdia, com o seu amor, amando os nossos irmãos como ele mesmo nos amou. Um encontro com Cristo, que é também adoração, palavra hoje pouco usada: adorar Cristo. Um projeto animado pela criatividade e pela fantasia do Espírito Santo, que nos impele também a percorrer caminhos novos com coragem, sem nos fossilizarmos! Poderíamos perguntar-nos: como é a pastoral das nossas dioceses e paróquias? Ela torna visível o essencial, ou seja, Jesus Cristo? As diversificadas experiências e características caminham juntas, na harmonia que o Espírito Santo nos concede? Ou, ao contrário, a nossa pastoral é dispersiva e fragmentária, pelo que no final cada qual caminha por sua própria conta?

Nesse contexto, gostaria de ressaltar a importância da catequese como momento da evangelização. Já o fez o papa Paulo VI, na *Evangelii nuntiandi*.[3] A partir de então, o grande movimento catequético levou em frente uma renovação para superar a ruptura entre Evangelho e cultura, bem como o analfabetismo dos nossos dias em matéria de fé. Já recordei várias vezes um acontecimento que me impressionou no meu ministério: encontrar crianças que nem sequer sabiam fazer o Sinal da Cruz! Nas nossas cidades! O serviço que os catequistas levam a cabo é inestimável para a nova evangelização, e é importante que os pais sejam os primeiros catequistas, os primeiros educadores da fé nas respectivas famílias, com o testemunho e com a palavra.

RICOS EM VIRTUDE DA POBREZA DE CRISTO

Por ocasião da Quaresma, ofereço-vos algumas reflexões com a esperança de que possam servir para o caminho pessoal e comunitário de conversão. Como motivo inspirador tomei a seguinte frase de são Paulo: "Conheceis bem a bondade de Nosso Senhor Jesus Cristo, que, sendo rico, se fez pobre por vós, para vos enriquecer com a sua pobreza".[1] O Apóstolo escreve aos cristãos de Corinto encorajando-os a ser generosos na ajuda aos fiéis de Jerusalém que passam necessidade. A nós, cristãos de hoje, que nos dizem essas palavras de são Paulo? Que nos diz, hoje, a nós, o convite à pobreza, a uma vida pobre em sentido evangélico?

Tais palavras dizem-nos, antes de tudo, qual é o estilo de Deus. Deus não se revela através dos meios do poder e da riqueza do mundo, mas com os da fragilidade e da pobreza: *"sendo rico, se fez pobre por vós"*. Cristo, o Filho eterno de Deus, igual ao Pai em poder e glória, fez-se pobre; desceu ao nosso meio, aproximou-se de cada um de nós; despojou-se, "esvaziou-se", para se tornar em tudo semelhante a nós.[2] A encarnação de Deus é um grande mistério. Mas a razão de tudo isso é o amor divino: um amor que é graça, generosidade, desejo de proximidade, não hesitando em doar-se e sacrificar-se pelas suas amadas criaturas. A caridade, o amor, é partilhar, em tudo, a sorte do amado. O amor torna semelhante, cria igualdade, abate os muros e as distâncias. Foi o que Deus fez conosco. Na realidade, Jesus "trabalhou com mãos humanas, pensou com uma inteligência humana, agiu com uma vontade humana, amou com um coração humano. Nascido da Virgem Maria, tornou-se verdadeiramente um de nós, semelhante a nós em tudo, exceto no pecado".[3]

A finalidade de Jesus se fazer pobre não foi a pobreza em si mesma, mas — como diz são Paulo – *"para vos enriquecer com a sua pobreza"*. Não se trata de um jogo de palavras, de uma frase sensacional. Pelo contrário, é uma síntese da lógica de Deus: a lógica do amor, a lógica da encarnação e da cruz. Deus não fez cair do alto a salvação sobre nós, como a esmola de quem dá parte do próprio supérfluo com piedade filantrópica. Não é assim o amor de Cristo! Quando Jesus desce às águas do Jordão e pede a João Batista para batizá-lo, não o faz porque tem necessidade de penitência, de conversão; mas fá-lo para se colocar no meio do povo necessitado de perdão, no meio de nós pecadores, e carregar sobre si o peso dos nossos pecados. Esse foi o caminho que ele escolheu para nos consolar, salvar, libertar da nossa miséria. Faz impressão ouvir o Apóstolo dizer que fomos libertados não por meio da riqueza de Cristo, mas *por meio da sua pobreza*.

E todavia são Paulo conhece bem a "insondável riqueza de Cristo",[4] "herdeiro de todas as coisas".[5]

Em que consiste então essa pobreza com a qual Jesus nos liberta e torna ricos? É precisamente o seu modo de nos amar, o seu aproximar-se de nós como fez o bom samaritano com o homem abandonado meio morto na berma da estrada.[6] Aquilo que nos dá verdadeira liberdade, verdadeira salvação e verdadeira felicidade é o seu amor de compaixão, de ternura e de partilha. A pobreza de Cristo, que nos enriquece, é ele fazer-se carne, tomar sobre si as nossas fraquezas, os nossos pecados, comunicando-nos a misericórdia infinita de Deus. A pobreza de Cristo é a maior riqueza: Jesus é rico de confiança ilimitada em Deus Pai, confiando-se a ele em todo momento, procurando sempre e apenas a sua vontade e a sua glória. É rico como o é uma criança que se sente amada e ama os seus pais, não duvidando um momento sequer do seu amor e da sua ternura. A riqueza de Jesus é ele ser *o Filho*: a sua relação única com o Pai é a prerrogativa soberana desse Messias pobre. Quando Jesus nos convida a tomar sobre nós o seu "jugo suave",[7] convida-nos a enriquecer-nos com essa sua "rica pobreza" e "pobre riqueza", a partilhar com ele o seu Espírito filial e fraterno, a tornar-nos filhos no Filho, irmãos no Irmão Primogênito.[8]

Foi dito que a única verdadeira tristeza é não ser santos (Léon Bloy); poder-se-ia dizer também que só há uma verdadeira miséria: é não viver como filhos de Deus e irmãos de Cristo.

Poderíamos pensar que esse "caminho" da pobreza fora o de Jesus, mas não o nosso: nós, que viemos depois dele, podemos salvar o mundo com meios humanos adequados. Isso não é verdade. Em cada época e lugar, Deus continua a salvar os homens e o mundo *por meio da pobreza de Cristo*, que se faz pobre nos sacramentos, na Palavra e na sua Igreja, que é um povo de pobres. A riqueza de Deus não pode passar através da nossa riqueza, mas sempre e apenas através da nossa pobreza, pessoal e comunitária, animada pelo Espírito de Cristo.

À imitação do nosso Mestre, nós, cristãos, somos chamados a ver as misérias dos irmãos, a tocá-las, a ocupar-nos delas e a trabalhar concretamente para as aliviar. A *miséria* não coincide com a *pobreza*; a miséria é a pobreza sem confiança, sem solidariedade, sem esperança. Podemos distinguir três tipos de miséria: a miséria material, a miséria moral e a miséria espiritual. A *miséria material* é a que habitualmente designamos por pobreza e atinge todos aqueles que vivem numa condição indigna da pessoa humana: privados dos direitos fundamentais e dos bens de primeira necessidade, como o alimento, a água, as condições higiênicas, o trabalho, a possibilidade de progresso e de crescimento cultural. Perante essa miséria, a Igreja oferece o seu serviço, a sua *diakonia*, para ir ao encontro das necessidades e curar essas chagas que deturpam o rosto da humanidade. Nos pobres e nos últimos vemos o rosto de Cristo; amando e ajudando os pobres, amamos e servimos Cristo. O nosso compromisso orienta-se também para fazer com que cessem no mundo as violações da dignidade humana, as discriminações e os abusos, que, em muitos casos, estão na origem da miséria. Quando o poder, o luxo e o dinheiro se tornam ídolos, acabam por se antepor à exigência de uma distribuição equitativa das riquezas. Portanto, é necessário que as consciências se convertam à justiça, à igualdade, à sobriedade e à partilha.

Não menos preocupante é a *miséria moral*, que consiste em tornar-se escravo do vício e do pecado. Quantas famílias vivem na angústia porque algum dos seus membros — frequentemente jovem — se deixou subjugar pelo álcool, pela droga, pelo jogo, pela pornografia! Quantas pessoas perderam o sentido da vida; sem perspectivas de futuro, perderam a esperança! E quantas pessoas se veem constrangidas a tal miséria por condições sociais injustas, por falta de trabalho que as priva da dignidade de poder trazer o pão para casa, por falta de igualdade nos direitos à educação e à saúde. Nesses casos, a miséria moral pode-se justamente chamar um suicídio incipiente. Essa forma de miséria, que é causa também de ruína econômica, anda sempre associada com a *miséria espiritual*, que nos atinge quando nos afastamos de Deus e recusamos o seu amor. Se julgamos não ter necessidade de Deus, que por meio de Cristo nos dá a mão, porque nos consideramos autossuficientes, vamos a caminho da falência. O único que verdadeiramente salva e liberta é Deus.

O Evangelho é o verdadeiro antídoto contra a miséria espiritual: o cristão é chamado a levar a todo ambiente o anúncio libertador de que existe o perdão do mal cometido, de que Deus é maior que o nosso pecado e nos ama gratuitamente e sempre, e de que somos feitos para a comunhão e a vida eterna. O Senhor convida-nos a sermos jubilosos anunciadores dessa mensagem de misericórdia e esperança. É bom experimentar a alegria de difundir essa boa-nova, partilhar o tesouro que nos foi confiado para consolar os corações dilacerados e dar esperança a tantos irmãos e irmãs imersos na escuridão. Trata-se de seguir e imitar Jesus, que foi ao encontro dos pobres e dos pecadores como o pastor à procura da ovelha perdida, e fê-lo cheio de amor. Unidos a ele, podemos corajosamente abrir novas vias de evangelização e promoção humana.

Queridos irmãos e irmãs, possa este tempo de Quaresma encontrar a Igreja inteira pronta e solícita para testemunhar, a quantos vivem na miséria material, moral e espiritual, a mensagem evangélica, que se resume no anúncio do amor do Pai misericordioso, pronto a abraçar em Cristo toda pessoa. E poderemos fazê-lo na medida em que estivermos juntos de Cristo, que se fez pobre e nos enriqueceu com a sua pobreza. A Quaresma é um tempo propício para o despojamento; e far-nos-á bem questionar-nos acerca do que nos podemos privar a fim de ajudar e enriquecer a outros com a nossa pobreza. Não esqueçamos que a verdadeira pobreza dói: não seria válido um despojamento sem essa dimensão penitencial. Desconfio da esmola que não custa nem dói.

Pedimos a graça do Espírito Santo que nos permita ser "tidos por pobres, nós que enriquecemos a muitos; por nada tendo e, no entanto, tudo possuindo".[9] Que ele sustente esses nossos propósitos e reforce em nós a atenção e solicitude pela miséria humana, para nos tornarmos misericordiosos e agentes de misericórdia.

A FORÇA REVOLUCIONÁRIA DAS BEM-AVENTURANÇAS

É-nos sempre muito útil ler e meditar sobre as Bem-Aventuranças! Jesus proclamou-as no seu primeiro grande sermão, feito na margem do lago da Galileia. Havia uma multidão imensa e ele, para ensinar os seus discípulos, subiu a um monte; por isso é chamado o "sermão da montanha". Na Bíblia, o monte é visto como lugar onde Deus se revela; pregando sobre o monte, Jesus apresenta-se como mestre divino, como novo Moisés. E que prega ele? Jesus prega o caminho da vida; aquele caminho que ele mesmo percorre, ou melhor, que é ele mesmo, e o propõe como *caminho da verdadeira felicidade*. Em toda a sua vida, desde o nascimento na gruta de Belém até a morte na cruz e a ressurreição, Jesus encarnou as Bem-Aventuranças. Todas as promessas do Reino de Deus se cumpriram nele.

Ao proclamar as Bem-Aventuranças, Jesus convida-nos a segui-lo, a percorrer com ele o caminho do amor, o único que conduz à vida eterna. Não é uma estrada fácil, mas o Senhor assegura-nos a sua graça e nunca nos deixa sozinhos. Na nossa vida, há pobreza, aflições, humilhações, luta pela justiça, esforço da conversão cotidiana, combates para viver a vocação à santidade, perseguições e muitos outros desafios. Mas, se abrirmos a porta a Jesus, se deixarmos que ele esteja dentro da nossa história, se partilharmos com ele as alegrias e os sofrimentos, experimentaremos uma paz e uma alegria que só Deus, amor infinito, pode dar.

As Bem-Aventuranças de Jesus são portadoras de uma novidade revolucionária, de um modelo de felicidade oposto àquele que habitualmente é transmitido pelos *mass media*, pelo pensamento dominante. Para a mentalidade do mundo, é um escândalo que Deus tenha vindo para se fazer um de nós, que tenha morrido numa cruz. Na lógica desse mundo, aqueles que Jesus proclama felizes são considerados "perdedores", fracos. Ao invés, exalta-se o sucesso a todo custo, o bem-estar, a arrogância do poder, a afirmação própria em detrimento dos outros.

Queridos jovens, Jesus interpela-nos para que respondamos à sua proposta de vida, para que decidamos qual estrada queremos seguir a fim de chegar à verdadeira alegria. Trata-se de um grande desafio de fé. Jesus não teve medo de perguntar aos seus discípulos se verdadeiramente queriam segui-lo ou preferiam ir por outros caminhos.[1] E Simão, denominado Pedro, teve a coragem de responder: "A quem iremos nós, Senhor? Tu tens palavras de vida eterna".[2] Se souberdes, vós também, dizer "sim" a Jesus, a vossa vida jovem encher-se-á de significado e, assim, será fecunda.

Mas o que significa "bem-aventurado"? O termo grego usado no Evangelho é *makarioi*. E "bem-aventurados" quer dizer felizes. Mas dizei-me: vós aspirais deveras à felicidade? Num tempo em que se é atraído por tantas aparências de felicidade, corre-se o risco de contentar-se com pouco, com uma ideia "pequena" da vida. Vós, pelo contrário, aspirais a coisas grandes! Ampliai os vossos corações! Como dizia o beato Pierjorge Frassati, "viver sem uma fé, sem um patrimônio a defender, sem sustentar numa luta contínua a verdade, não é viver, mas ir vivendo. Não devemos jamais ir vivendo, mas viver".[3] Em 20 de maio de 1990, no dia da sua beatificação, João Paulo II chamou-o "homem das Bem-Aventuranças".[4]

Se verdadeiramente fizerdes emergir as aspirações mais profundas do vosso coração, dar-vos-eis conta de que, em vós, há um desejo inextinguível de felicidade, e isto permitir-vos-á desmascarar e rejeitar as numerosas ofertas "a baixo preço" que encontrais ao vosso redor. Quando procuramos o sucesso, o prazer, a riqueza de modo egoísta e idolatrando-os, podemos experimentar também momentos de inebriamento, uma falsa sensação de satisfação; mas, no fim das contas, tornamo-nos escravos, nunca estamos satisfeitos, sentimo-nos impelidos a buscar sempre mais. É muito triste ver uma juventude "saciada", mas fraca.

Escrevendo aos jovens, são João dizia: "Vós sois fortes, a palavra de Deus permanece em vós e vós vencestes o Maligno".[5] Os jovens que escolhem Cristo são fortes, nutrem-se da sua Palavra e não se "empanturram" com outras coisas. Tende a coragem de ir contra a corrente. Tende a coragem da verdadeira felicidade! Dizei não à cultura do provisório, da superficialidade e do descartável, que não vos considera capazes de assumir responsabilidades e enfrentar os grandes desafios da vida.

BEM-AVENTURADOS OS POBRES EM ESPÍRITO

A primeira Bem-Aventurança declara felizes *os pobres em espírito*, porque deles é o Reino do Céu. Num tempo em que muitas pessoas penam por causa da crise econômica, pode parecer inoportuno aproximar pobreza e felicidade. Em que sentido podemos conceber a pobreza como uma bênção?

Em primeiro lugar, procuremos compreender o que significa *"pobres em espírito"*. Quando o Filho de Deus se fez homem, escolheu um caminho de pobreza, de despojamento. Como diz são Paulo, na Carta aos Filipenses: "Tende entre vós os mesmos sentimentos que estão em Cristo Jesus: ele, que é de condição divina, não considerou como uma usurpação ser igual a Deus; no entanto, esvaziou-se a si mesmo, tomando a condição de servo e tornando-se semelhante aos homens".[1] Jesus é Deus que se despoja da sua glória. Vemos aqui a escolha da pobreza feita por Deus: sendo rico, fez-se pobre para nos enriquecer com a sua pobreza.[2] É o mistério que contemplamos no presépio, vendo o Filho de Deus numa manjedoura; e mais tarde na cruz, onde o despojamento chega ao seu ápice.

O adjetivo grego *ptochós* (pobre) não tem um significado apenas material, mas quer dizer "mendigo". Há que o ligar com o conceito hebraico de *anawim* (os "pobres de Iahweh"), que evoca humildade, consciência dos próprios limites, da própria condição existencial de pobreza. Os *anawim* confiam no Senhor, sabem que dependem dele.

Como justamente soube ver santa Teresa do Menino Jesus, Cristo na sua encarnação apresenta-se como um mendigo, um necessitado em busca de amor. O *Catecismo da Igreja Católica* fala do homem como de um "mendigo de Deus"[3] e diz-nos que a oração é o encontro da sede de Deus com a nossa.[4]

São Francisco de Assis compreendeu muito bem o segredo da Bem-Aventurança dos pobres em espírito. De fato, quando Jesus lhe falou na pessoa do leproso e no Crucifixo, ele reconheceu a grandeza de Deus e a própria condição de humildade. Na sua oração, o *Poverello* passava horas e horas a perguntar ao Senhor: "Quem és tu? Quem sou eu?". Despojou-se de uma vida abastada e leviana para desposar a "Senhora Pobreza", a fim de imitar Jesus e seguir o Evangelho à letra. Francisco viveu *a imitação de Cristo pobre e o amor pelos pobres* de modo indivisível, como as duas faces de uma mesma moeda.

Posto isso, poder-me-íeis perguntar: mas, em concreto, como é possível fazer com que essa *pobreza em espírito* se transforme em estilo de vida, incida efetivamente na nossa existência? Respondo-vos em três pontos.

Antes de tudo, procurai ser livres *em relação às coisas*. O Senhor chama-nos a um estilo de vida evangélico caracterizado pela sobriedade, chama-nos a não ceder à cultura do consumo. Trata-se de buscar a essencialidade, aprender a despojarmo-nos de tantas coisas supérfluas e inúteis que nos sufocam. Desprendamo-nos da ambição de possuir, do dinheiro idolatrado e depois esbanjado. No primeiro lugar, coloquemos Jesus. Ele pode libertar-nos das idolatrias que nos tornam escravos. Confiai em Deus, queridos jovens! Ele conhece-nos, ama-nos e nunca se esquece de nós. Como provê aos lírios do campo,[5] também não deixará que nos falte nada! Mesmo para superar a crise econômica, é preciso estarmos prontos a mudar o estilo de vida, a evitar tantos desperdícios. Como é necessária a coragem da felicidade, também o é a coragem da sobriedade.

Em segundo lugar, para viver essa Bem-Aventurança todos necessitamos de *conversão em relação aos pobres*. Devemos cuidar deles, ser sensíveis às suas carências espirituais e materiais. A vós, jovens, confio de modo particular a tarefa de colocar a solidariedade no centro da cultura humana. Perante antigas e novas formas de pobreza — o desemprego, a emigração, muitas dependências dos mais variados tipos —, temos o dever de permanecer vigilantes e conscientes, vencendo a tentação da indiferença. Pensemos também naqueles que não se sentem amados, não olham com esperança o futuro, renunciam a comprometer-se na vida porque se sentem desanimados, desiludidos, temerosos. Devemos aprender a estar com os pobres. Não nos limitemos a pronunciar belas palavras sobre os pobres! Mas encontremo-los, fixemo-los olhos nos olhos, ouçamo-los. Para nós, os pobres são uma oportunidade concreta de encontrar o próprio Cristo, de tocar a sua carne sofredora.

Mas — e chegamos ao terceiro ponto — os pobres não são pessoas a quem podemos apenas dar qualquer coisa. Eles *têm tanto para nos oferecer, para nos ensinar*. Muito temos nós a aprender da sabedoria dos pobres! Pensai que um santo do século XVIII, Bento José Labre, que dormia pelas ruas de Roma e vivia de esmolas, se tornara conselheiro espiritual de muitas pessoas, incluindo nobres e prelados. De certo modo, os pobres são uma espécie de mestres para nós. Ensinam-nos que uma pessoa não vale por aquilo que possui, pelo montante que tem na conta bancária. Um pobre, uma pessoa sem bens materiais, conserva sempre a sua dignidade. Os pobres podem ensinar-nos muito também sobre a humildade e a confiança em Deus. Na parábola do fariseu e do publicano,[6] Jesus propõe este último como modelo, porque é humilde e se reconhece pecador. E a própria viúva que lança duas moedinhas no tesouro do templo é exemplo da generosidade de quem, mesmo tendo pouco ou nada, dá tudo.[7]

PORQUE DELES É O REINO DO CÉU

Tema central no Evangelho de Jesus é o Reino de Deus. Jesus é o Reino de Deus em pessoa, é o Emanuel, Deus conosco. E é no coração do homem que se estabelece e cresce o Reino, o domínio de Deus. O

Reino é, simultaneamente, dom e promessa. Já nos foi dado em Jesus, mas deve ainda realizar-se em plenitude. Por isso rezamos ao Pai cada dia: "Venha a nós o vosso Reino".

Há uma ligação profunda entre pobreza e evangelização, entre o tema da última Jornada Mundial da Juventude — "Ide e fazei discípulos entre todas as nações"[1] — e o tema deste ano: "Felizes os pobres em espírito, porque deles é o Reino do Céu".[2] O Senhor quer uma Igreja pobre, que evangelize os pobres. Jesus, quando enviou os Doze em missão, disse-lhes: "Não possuais ouro, nem prata, nem cobre, em vossos cintos; nem alforje para o caminho, nem duas túnicas, nem sandálias, nem cajado; pois o trabalhador merece o seu sustento".[3] A pobreza evangélica é condição fundamental para que o Reino de Deus se estenda. As alegrias mais belas e espontâneas que vi ao longo da minha vida eram de pessoas pobres que tinham pouco a que se agarrar. A evangelização, no nosso tempo, só será possível por contágio de alegria.

Como vimos, a Bem-Aventurança dos pobres em espírito orienta a nossa relação com Deus, com os bens materiais e com os pobres. À vista do exemplo e das palavras de Jesus, damo-nos conta da grande necessidade que temos de conversão, de fazer com que a lógica *do ser mais* prevaleça sobre a lógica *do ter mais*. Os santos são quem mais nos podem ajudar a compreender o significado profundo das Bem-Aventuranças. Nesse sentido, a canonização de João Paulo II, no segundo domingo de Páscoa, é um acontecimento que enche o nosso coração de alegria. Ele será o grande patrono das Jornadas Mundiais da Juventude, de que foi o iniciador e impulsionador. E, na comunhão dos santos, continuará a ser, para todos vós, um pai e um amigo.

No próximo mês de abril, acontece também o trigésimo aniversário da entrega aos jovens da Cruz do Jubileu da Redenção. Foi precisamente a partir daquele ato simbólico de João Paulo II que principiou a grande peregrinação juvenil que, desde então, continua a atravessar os cinco continentes. Muitos recordam as palavras com que, no domingo de Páscoa de 1984, o papa acompanhou o seu gesto:

"Caríssimos jovens, no termo do Ano Santo, confio-vos o próprio sinal deste Ano Jubilar: a Cruz de Cristo! Levai-a ao mundo como sinal do amor do Senhor Jesus pela humanidade, e anunciai a todos que só em Cristo morto e ressuscitado há salvação e redenção".

Queridos jovens, o *Magnificat*, o cântico de Maria, pobre em espírito, é também o canto de quem vive as Bem-Aventuranças. A alegria do Evangelho brota de um coração pobre, que sabe exultar e maravilhar-se com as obras de Deus, como o coração da Virgem, que todas as gerações chamam "bem-aventurada".[4] Que ela, a mãe dos pobres e a estrela da nova evangelização, nos ajude a viver o Evangelho, a encarnar as Bem-Aventuranças na nossa vida, a ter a coragem da felicidade.

A CULTURA DO ENCONTRO

Hoje vivemos num mundo que está se tornando cada vez menor, parecendo, por isso mesmo, que deveria ser mais fácil fazer-se próximos uns dos outros. Os progressos dos transportes e das tecnologias de comunicação deixam-nos mais próximos, interligando-nos sempre mais, e a globalização faz-nos mais interdependentes. Todavia, dentro da humanidade, permanecem divisões, e às vezes muito acentuadas. Em nível global, vemos a distância escandalosa que existe entre o luxo dos mais ricos e a miséria dos mais pobres. Frequentemente, basta passar pelas ruas de uma cidade para ver o contraste entre os que vivem nos passeios e as luzes brilhantes das lojas. Estamos já tão habituados a tudo isso que nem nos impressionamos. O mundo sofre de múltiplas formas de exclusão, marginalização e pobreza, como também de conflitos para os quais convergem causas econômicas, políticas, ideológicas e até mesmo, infelizmente, religiosas.

Neste mundo, os *mass media* podem ajudar a sentir-nos mais próximos uns dos outros; a fazer-nos perceber um renovado sentido de unidade da família humana, que impele à solidariedade e a um compromisso sério para uma vida mais digna. Uma boa comunicação ajuda-nos a estar mais perto e a conhecer-nos melhor mutuamente, a ser mais unidos. Os muros que nos dividem só podem ser superados se estivermos prontos a ouvir e a aprender uns com os outros. Precisamos harmonizar as diferenças por meio de formas de diálogo que nos permitam crescer na compreensão e no respeito. A cultura do encontro requer que estejamos dispostos não só a dar, mas também a receber de outros. Os *mass media* podem ajudar-nos nisso, especialmente nos nossos dias, em que as redes da comunicação humana atingiram progressos sem precedentes. Particularmente a internet pode oferecer maiores possibilidades de encontro e de solidariedade entre todos; e isto é uma coisa boa, é um dom de Deus.

No entanto, existem aspectos problemáticos: a velocidade da informação supera a nossa capacidade de reflexão e discernimento, e não permite uma expressão equilibrada e correta de si mesmo. A variedade das opiniões expressas pode ser sentida como riqueza, mas é possível também fechar-se numa esfera de informações que correspondem apenas às nossas expectativas e às nossas ideias, ou mesmo a determinados interesses políticos e econômicos. O ambiente de comunicação pode ajudar-nos a crescer ou, pelo contrário, desorientar-nos. O desejo de conexão digital pode acabar por nos isolar do nosso próximo, de quem está mais perto de nós. Sem esquecer que a pessoa que, pelas mais diversas razões, não tem acesso aos meios de comunicação social corre o risco de ser excluída.

Esses limites são reais, mas não justificam uma rejeição dos *mass media*; antes, recordam-nos que, em última análise, a comunicação é uma conquista mais humana que tecnológica. Portanto, haverá alguma coisa, no ambiente digital, que nos ajude a crescer em humanidade e na compreensão recíproca? Devemos, por exemplo, recuperar um certo sentido de pausa e calma. Isso requer tempo e capacidade de fazer silêncio para escutar. Temos necessidade também de ser pacientes, se quisermos compreender aqueles que são diferentes de nós: uma pessoa expressa-se plenamente a si mesma não quando é simplesmente tolerada, mas quando sabe que é verdadeiramente acolhida. Se estamos verdadeiramente desejosos de escutar os outros, então aprenderemos a ver o mundo com olhos diferentes e a apreciar a experiência humana tal como se manifesta nas várias culturas e tradições. Entretanto, saberemos apreciar melhor também os grandes valores inspirados pelo cristianismo, como a visão do ser humano como pessoa, o matrimônio e a família, a distinção entre esfera religiosa e esfera política, os princípios de solidariedade e subsidiariedade, entre outros.

Então, como pode a comunicação estar a serviço de uma autêntica cultura do encontro? E — para nós, discípulos do Senhor — que significa, segundo o Evangelho, encontrar uma pessoa? Como é possível, apesar de todas as nossas limitações e pecados, ser verdadeiramente próximo aos outros? Essas perguntas resumem-se àquela que, um dia, um escriba — isto é, um comunicador — pôs a Jesus: "E quem é o meu próximo?".[1] Essa pergunta ajuda-nos a compreender a comunicação em termos de proximidade. Poderíamos traduzi-la assim: como se manifesta a "proximidade" no uso dos meios de comunicação e no novo ambiente criado pelas tecnologias digitais? Encontro resposta na parábola do bom samaritano, que é também uma parábola do comunicador. Na realidade, quem comunica faz-se próximo. E o bom samaritano não só se faz próximo, mas cuida do homem que encontra quase morto ao lado da estrada. Jesus inverte a perspectiva: não se trata de reconhecer o outro como um meu semelhante, mas da minha capacidade para me fazer semelhante ao outro. Por isso, comunicar significa tomar consciência de que somos humanos, filhos de Deus. Apraz-me definir esse poder da comunicação como "proximidade".

Quando a comunicação tem como fim predominante induzir ao consumo ou à manipulação das pessoas, encontramo-nos perante uma agressão violenta igual à que sofreu o homem espancado pelos assaltantes e abandonado na estrada, como lemos na parábola. Naquele homem, o levita e o sacerdote não veem um seu próximo, mas um estranho de quem era melhor manter distância. Naquele tempo, eram condicionados pelas regras da pureza ritual. Hoje, corremos o risco de que alguns dos *mass media* nos condicionem até o ponto de fazer-nos ignorar o nosso próximo real.

Não basta circular pelas "estradas" digitais, isto é, simplesmente estar conectados: é necessário que a conexão seja acompanhada pelo encontro verdadeiro. Não podemos viver sozinhos, fechados em nós mesmos. Precisamos amar e ser amados. Precisamos de ternura. Não são as estratégias comunicativas que garantem a beleza, a bondade e a verdade da comunicação. O próprio mundo dos *mass media* não pode alhear-se da solicitude pela humanidade, chamado como é a exprimir ternura. A rede digital pode ser um lugar rico de humanidade: não uma rede de fios, mas de pessoas humanas. A neutralidade dos *mass media* é só aparente: só pode constituir um ponto de referência quem comunica colocando-se a si mesmo em jogo. O envolvimento pessoal é a própria raiz da fiabilidade de um comunicador. É por isso que o testemunho cristão pode, graças à rede, alcançar as periferias existenciais.

Tenho-o repetido já diversas vezes: entre uma Igreja acidentada que sai pela estrada e uma Igreja doente de autorreferência, não hesito em preferir a primeira. E quando falo de estrada penso nas estradas do mundo onde as pessoas vivem: é lá que podemos, efetiva e afetivamente, alcançá-las. Entre essas estradas estão também as digitais, congestionadas de humanidade, muitas vezes ferida: homens e mulheres que procuram uma salvação ou uma esperança. Também graças à rede, pode a mensagem cristã viajar "até os confins do mundo".[2] Abrir as portas das igrejas significa também abri-las no ambiente digital, seja para que as pessoas entrem, independentemente da condição de vida em que se encontrem, seja para que o Evangelho possa cruzar o limiar do templo e sair ao encontro de todos. Somos chamados a testemunhar uma Igreja que seja casa de todos. Seremos capazes de comunicar o rosto de uma Igreja assim? A comunicação concorre para dar forma à vocação missionária de toda a Igreja, e as redes sociais são, hoje, um dos lugares onde viver essa vocação de redescobrir a beleza da fé, a beleza do encontro com Cristo. Inclusive no contexto da comunicação, é necessária uma Igreja que consiga levar calor, inflamar o coração.

O testemunho cristão não se faz com o bombardeio de mensagens religiosas, mas com a vontade de se doar aos outros "através da disponibilidade para se deixar envolver, pacientemente e com respeito, nas suas questões e nas suas dúvidas, no caminho de busca da verdade e do sentido da existência humana".[3] Pensemos no episódio dos discípulos de Emaús. É preciso saber se inserir no diálogo com os homens e mulheres de hoje para compreender os seus anseios, dúvidas, esperanças, e oferecer-lhes o Evangelho, isto é, Jesus Cristo, Deus feito homem, que morreu e ressuscitou para nos libertar do pecado e da morte. O desafio requer profundidade, atenção à vida, sensibilidade espiritual. Dialogar significa estar convencido de que o outro tem algo de bom para dizer, dar espaço ao seu ponto de vista, às suas propostas. Dialogar não significa renunciar às próprias ideias e tradições, mas à pretensão de que sejam únicas e absolutas.

Possa servir-nos de guia o ícone do bom samaritano, que liga as feridas do homem espancado, deitando nelas azeite e vinho. Que a nossa comunicação seja azeite perfumado pela dor e vinho bom pela alegria. Que a nossa luminosidade não derive de truques ou efeitos especiais, mas de nos fazermos próximos, com amor, com ternura, de quem encontramos ferido pelo caminho. Não tenhais medo de vos fazerdes cidadãos do ambiente digital. É importante a atenção e a presença da Igreja no mundo da comunicação, para dialogar com o homem de hoje e levá-lo ao encontro com Cristo: uma Igreja companheira de estrada sabe pôr-se a caminho com todos. Nesse contexto, a revolução nos meios de comunicação e de informação é um grande e apaixonante desafio que requer energias frescas e uma imaginação nova para transmitir aos outros a beleza de Deus.

5

Acompanhando o caminho

O TEMPO DA MISERICÓRDIA

"Jesus percorria todas as cidades e aldeias. Ensinava nas sinagogas, pregando o Evangelho do Reino e curando todo mal e toda enfermidade. Ao ver as multidões, teve compaixão delas, porque estavam aflitas e desamparadas, como ovelhas sem pastor".[1]

Esse trecho do Evangelho de Mateus faz-nos dirigir o olhar para Jesus, que caminha pelas estradas das cidades e dos povoados. E isto é curioso! Qual é o lugar onde se via Jesus mais frequentemente, onde era possível encontrá-lo com maior facilidade? Pelas estradas. Podia dar a impressão de ser um desabrigado, porque estava sempre caminhando pelas estradas. A vida de Jesus era nas estradas. Isso ajuda-nos, sobretudo, a compreender a profundidade do seu coração, aquilo que ele sente pelas multidões, pelas pessoas que encontra: aquela atitude interior de "compaixão"; vendo as multidões, sentiu compaixão. E isso porque ele vê as pessoas "cansadas e extenuadas, como ovelhas sem pastor". Ouvimos muitas vezes essas palavras, que talvez não transmitam uma grande força. Contudo, são fortes! Um pouco como muitas das pessoas que vós encontrais hoje pelas ruas dos vossos bairros... Depois, o horizonte amplia-se e vemos que essas cidades e aldeias não são só Roma e a Itália, mas o mundo inteiro... e aquelas multidões exaustas são populações de numerosos países que continuam a sofrer devido a situações ainda mais difíceis...

Então, compreendemos que nós não estamos aqui para fazer um bonito exercício espiritual no início da Quaresma, mas para ouvir a voz do Espírito que fala à Igreja inteira nesta nossa época, que é precisamente o tempo da misericórdia. Disto estou persuadido! Não se trata apenas da Quaresma; nós vivemos num tempo de misericórdia, desde há trinta anos ou mais, até os dias de hoje.

Esta foi uma intuição do beato João Paulo II. Ele teve a "perspicácia" de que este era o tempo da misericórdia. Pensemos na beatificação e canonização da irmã Faustina Kowalska; em seguida, introduziu a festa da Divina Misericórdia. Gradualmente progrediu, foi em frente nesse campo.

Na homilia para a canonização, que ocorreu em 2000, João Paulo II realçou que a mensagem de Jesus Cristo à irmã Faustina se situa temporalmente entre as duas guerras mundiais, e está muito ligada à história do século XX. E, olhando para o futuro, afirmou: "O que nos trarão os anos que estão diante de nós? Como será o futuro do homem sobre a terra? A nós não é dado sabê-lo. Contudo, sem dúvida, ao lado de novos progressos infelizmente não faltarão experiências dolorosas. Mas a luz da divina misericórdia, que o Senhor quis como que entregar de novo ao mundo através do carisma da irmã Faustina, iluminará o caminho dos homens do terceiro milênio". É claro! Em 2000 tornou-se explícito, mas era algo que no seu coração já amadurecia havia muito tempo. Na sua oração, ele teve essa intuição.

Hoje nós esquecemos tudo depressa demais, e até o Magistério da Igreja! Em parte isso é inevitável, mas não podemos esquecer os grandes conteúdos, as intuições excelsas e as exortações transmitidas ao povo de Deus. E a da divina misericórdia é uma delas. É uma herança que ele nos deixou, mas que provém do alto. Compete a nós, como ministros da Igreja, manter viva essa mensagem, principalmente na pregação e nos gestos, nos sinais e nas escolhas pastorais, por exemplo, na escolha de voltar a dar prioridade ao sacramento da reconciliação e, ao mesmo tempo, às obras de misericórdia. Reconciliar, fazer as pazes através do sacramento, mas também mediante as palavras e as obras de misericórdia. [...]

Interroguemo-nos sobre o que significa misericórdia para um presbítero; permiti-me dizê-lo, para nós, sacerdotes. Para nós, para todos nós! Os presbíteros comovem-se diante das ovelhas, como Jesus, quando via as pessoas cansadas e exaustas, como ovelhas sem pastor. Jesus tem as "vísceras" de Deus, e Isaías fala muito sobre isto: vive cheio de ternura pelas pessoas, especialmente por quantos são excluídos, ou seja, os pecadores, os doentes dos quais ninguém se ocupa... Desse modo, à imagem do Bom Pastor, o presbítero é um homem de misericórdia e de compaixão, está perto do seu povo e é servidor de todos. Este é um critério pastoral que gostaria de pôr em grande evidência: a proximidade! A proximidade e o serviço, mas a proximidade, a afinidade!... Quem quer que se encontre ferido na própria vida, de qualquer maneira, pode encontrar nele atenção e escuta... Em particular, o sacerdote demonstra vísceras de misericórdia na administração do sacramento da reconciliação; demonstra-o em todas as suas atitudes, no seu modo de acolher, de ouvir, de aconselhar e de absolver... Todavia, isso deriva do seu modo de viver o sacramento em primeira pessoa, da forma como ele se deixa abraçar por Deus Pai na confissão, permanecendo no interior desse abraço... Se vivermos isto em nós mesmos, no nosso próprio coração, poderemos também oferecê-lo aos outros no ministério. E agora faço-vos esta pergunta: como me confesso? Deixo-me abraçar? Vem-me ao pensamento um grande sacerdote de Buenos Aires, é mais jovem do que eu, talvez tenha 72 anos... Uma vez ele veio visitar-me. É um grande confessor: para ele, há sempre fila... A maioria dos sacerdotes vai à sua procura para se confessar... É um grande confessor! E uma vez ele veio ter comigo: "Mas, Padre...", "Diz-me", "Eu tenho um pouco de escrúpulo, porque sei que perdoo demais!"; "Reza... se tu perdoas demais...". E falamos sobre a misericórdia. A certa altura ele disse-me: "Sabes, quando sinto que este escrúpulo é forte, vou à capela, diante do Tabernáculo, e digo-lhe: perdoa-me, a culpa é tua, porque tu me deste o mau exemplo! E vou embora tranquilo...". É uma bonita prece de misericórdia! Se na confissão vivermos isso em nós mesmos, no nosso próprio coração, também o poderemos oferecer aos outros.

    O sacerdote é chamado a aprender isto, a ter um coração que se comove. Os presbíteros — permiti que use esta palavra — "ascetas", aqueles "de laboratório", completamente limpos e bonitos, não ajudam a Igreja. Hoje podemos pensar a Igreja como um "hospital de campo". Isto, perdoai-me se repito, porque o vejo assim, porque o sinto assim: um "hospital de campo". É necessário curar as feridas, e elas são numerosas. Há tantas chagas! Existem muitas pessoas feridas por problemas materiais, por escândalos, até na Igreja... Pessoas feridas pelas ilusões do mundo... Nós, sacerdotes, devemos estar ali, próximos dessas pessoas. Misericórdia significa, antes de tudo, curar as feridas. Quando alguém está ferido, tem necessidade imediata disso, não de análises, como os valores do colesterol, da glicemia... Mas, quando há uma ferida, curemo-la e depois vejamos as análises. Em seguida, façam-se os tratamentos com um especialista, mas antes é necessário curar as chagas abertas. Para mim, nesse momento, isto é mais importante. E existem também feridas escondidas, porque há pessoas que se afastam para que não se lhes vejam as feridas... Vem-me ao pensamento o hábito, para a lei mosaica na época de Jesus, de afastar sempre os leprosos para que não contagiassem... Há pessoas que se distanciam porque sentem vergonha, aquela vergonha que os impede de mostrar as chagas... E afastam-se talvez um pouco melindradas com a Igreja, mas no fundo, lá dentro, há uma ferida... O que elas querem é um afago! E vós, amados irmãos — pergunto-vos — conheceis as feridas dos vossos paroquianos? Conseguis intuí-las? Permaneceis próximos deles? É a única pergunta...

    Voltemos ao sacramento da reconciliação. Nós, sacerdotes, ouvimos muitas vezes a experiência dos nossos fiéis, que nos descrevem como encontraram na confissão um presbítero muito "rigoroso", ou então muito "largo", *rigorista* ou *laxista*. E isto não deve ser assim. Que entre os confessores haja diferenças de estilo é normal, mas tais diferenças não podem referir-se à substância, ou seja, à sã doutrina moral e à misericórdia. Nem o laxista nem o rigorista dão testemunho de Jesus Cristo, porque nem um nem outro faz bem à pessoa com a qual se encontra. O rigorista lava as próprias mãos: com efeito, fixa-se na lei entendida de modo insensível e rígido; também o laxista lava as próprias mãos: só aparentemente é misericordioso, mas na realidade não leva a sério o problema daquela consciência, minimizando assim o pecado. A verdadeira misericórdia *interessa-se* pela pessoa, ouve-a atentamente, aproxima-se com respeito e com verdade da sua situação, acompanhando-a no caminho da reconciliação. Sim, não há dúvida, isso é cansativo. O sacerdote verdadeiramente misericordioso comporta-se como o bom samaritano... mas por que motivo age assim? Porque o seu coração é capaz de compaixão, é o coração de Cristo!

Sabemos bem que *nem o laxismo nem o rigorismo fazem crescer a santidade*. Talvez alguns rigoristas possam parecer santos, santos... Contudo, pensai em Pelágio, e depois poderemos falar... Eles não santificam o sacerdote, nem santificam o fiel; nem o laxismo, nem o rigorismo! Ao contrário, a misericórdia acompanha o caminho da santidade, acompanha-a e a faz desenvolver-se... É demasiado trabalho para um pároco? É verdade, é demasiado trabalho! E de que modo ele acompanha e faz progredir o caminho da santidade? Através do sofrimento pastoral, que é uma forma de misericórdia. O que significa sofrimento pastoral? Quer dizer sofrer pelas pessoas e com as pessoas. E isso não é fácil! Sofrer como um pai e como uma mãe sofrem pelos seus próprios filhos; permiti que diga, até com ansiedade...

Para me explicar, também eu vos dirijo algumas interrogações, que me ajudam, quando um sacerdote vem ter comigo. Ajudam-me também quando me encontro a sós com o Senhor!

Diz-me: tu choras? Ou perdemos as lágrimas? Recordo que os Missais antigos, aqueles de outrora, contêm uma oração extremamente bonita para pedir o dom das lágrimas. A oração encetava assim: "Senhor, vós que confiastes a Moisés o mandato de bater na pedra para que dela brotasse a água, batei na pedra do meu coração, para que eu verta lágrimas...": aquela oração era assim, mais ou menos assim. Era muito bonita! Contudo, quantos de nós choram diante do sofrimento de uma criança, perante a destruição de uma família, diante de tantas pessoas que não encontram o seu caminho?... O pranto do sacerdote... Tu choras? Ou neste presbitério nós perdemos as lágrimas?

Tu choras pelo teu povo? Diz-me, tu recitas a prece de intercessão diante do Tabernáculo?

Tu lutas com o Senhor pelo teu povo, como Abraão lutou: "E se houver menos? E se houver só vinte e cinco? E se houver só vinte?...".[2] Aquela prece de intercessão cheia de coragem... Nós falamos de parrésia, de intrepidez apostólica, e pensamos nos planos pastorais, o que é bom, mas também a própria *parrésia* é necessária na oração. Tu lutas com o Senhor? Debates com o Senhor como fez Moisés? Quando o Senhor estava farto, cansado do seu povo, disse-lhe: "Fica tranquilo... Eu... destruirei todos, e far-te-ei chefe de um outro povo". "Não, não! Se Vós destruirdes o povo, destruireis também a mim!" Mas eles eram intrépidos! E eu faço-vos uma pergunta: também nós somos intrépidos, para lutar com Deus pelo nosso povo?

Dirijo-vos mais uma pergunta: à noite, como terminais o vosso dia? Com o Senhor, ou com a televisão?

Como é o teu relacionamento com aqueles que te ajudam a tornar-te mais misericordioso? Ou seja, como é o teu relacionamento com as crianças, com as pessoas idosas, com os enfermos? Tu sabes acariciá-los, ou tens vergonha de afagar um idoso?

Não tenhas vergonha da carne do teu irmão.[3] No final, seremos julgados segundo o modo como soubemos aproximar-nos de "cada carne" — como se diz em Isaías. Não te envergonhes da carne do teu irmão! "Aproximemo-nos": proximidade, afinidade; aproximemo-nos da carne do nosso irmão. O sacerdote e o levita que passaram antes do bom samaritano não souberam aproximar-se daquela pessoa maltratada pelos bandidos. O seu coração estava fechado. Talvez o sacerdote tenha visto o relógio, dizendo: "Devo ir à Missa, não posso chegar atrasado para a Missa", e foi embora. Justificações! Quantas vezes nós encontramos justificações a fim de evitar um problema, uma pessoa. O outro, o levita, ou o doutor da lei, o advogado, disse: "Não, não posso, porque, se eu fizer isso, amanhã terei que prestar testemunho e perderei tempo...". Desculpas!... Eles tinham o coração fechado. Mas o coração fechado justifica-se sempre por aquilo que não leva a cabo. Mas o samaritano, ao contrário, abre o seu coração, deixa-se comover nas suas vísceras, e esse movimento interior traduz-se em obra prática, numa intervenção concreta para ajudar aquela pessoa.

No fim dos tempos, só serão admitidos à contemplação da carne glorificada de Cristo aqueles que não se tiverem envergonhado da carne do seu irmão ferido e excluído.

Confesso-vos — e isto faz-me bem — que às vezes leio o elenco sobre o qual eu serei julgado, faz-me bem: ele encontra-se no capítulo 25 de Mateus. [...]

Em Buenos Aires — falo-vos agora de outro presbítero —, havia um confessor famoso: ele era sacramentino. Praticamente todo o clero ia confessar-se com ele. Quando João Paulo II pediu um confessor à Nunciatura, numa das duas vezes que veio, ele foi escolhido. É idoso, muito idoso... Foi o provincial da sua ordem, foi professor... mas sempre confessor, sempre. E na igreja do Santíssimo Sacramento havia sempre fila. Naquela época, eu era vigário-geral e residia na sede da Cúria. Todos os dias de manhã cedo eu descia à sala do fax para ver se tinha chegado algo. E na manhã de Páscoa li um fax enviado pelo superior da comunidade: "Ontem, meia hora antes da Vigília Pascal, faleceu o padre Aristi, com 94 — ou 96? — anos. O funeral será em tal dia...". E na manhã de Páscoa eu tinha que ir almoçar com os presbíteros da casa de repouso — como de costume eu fazia na Páscoa —, e então — disse comigo mesmo —, depois do almoço, irei à igreja. Era uma igreja grande, muito grande, com uma cripta particularmente bonita. Desci à cripta e lá estava o féretro; só estavam presentes duas velhinhas que rezavam, e não havia flores. Pensei: mas este homem, que perdoou os pecados a todo o clero de Buenos Aires, e também a mim, nem sequer uma flor... Subi e fui a um florista — porque em Buenos Aires há floristas nas esquinas, ao longo das ruas, nos lugares onde passam as pessoas — e então comprei algumas flores, rosas... Depois, voltei e comecei a preparar bem o caixão, com as flores... Olhei para o Rosário que ele tinha nas mãos... Veio-me algo imediatamente ao pensamento — aquele ladrão que todos temos dentro de nós, não? — e, enquanto eu arranjava as flores, peguei na cruz do Rosário e, com um pouco de força, arranquei-a. Naquele momento, olhei para ele e disse: "Concede-me metade da tua misericórdia". Senti uma força que me incutiu a coragem de fazer isto e de recitar aquela oração! Em seguida, coloquei aquela cruz aqui, no bolso. As camisas do papa não têm bolsos, mas eu trago-a sempre comigo num saquinho de pano e, desde aquele dia até hoje, aquela cruz está comigo. E quando me vem um pensamento mau contra uma pessoa qualquer, a minha mão vem sempre para o peito, sempre. E sinto a graça! Sinto que me faz bem. Como faz bem o exemplo de um sacerdote misericordioso, de um presbítero que se aproxima das feridas...

Se pensardes, também vós indubitavelmente conhecestes muitos, tantos, porque os sacerdotes da Itália são bons. São bons! Na minha opinião, se a Itália ainda é tão forte, não é tanto por causa dos seus bispos, quanto dos párocos, dos presbíteros! É verdade, isso é verdade! Não vos incenso um pouco para vos confortar, mas sinto que é assim!

Misericórdia. Pensai nos numerosos sacerdotes que se encontram no Céu e pedi-lhes essa graça! Que vos concedam aquela misericórdia que eles mesmos tiveram para com os seus fiéis. Isso faz bem!

ALIMENTANDO O POVO DE DEUS

[...] O "Leonino", como seminário regional, oferece o seu serviço a algumas Dioceses do Lácio. No sulco da tradição formativa ele é chamado, no presente da Igreja, a propor aos candidatos ao sacerdócio uma experiência capaz de transformar os seus programas vocacionais em fecunda realidade apostólica. Como cada seminário, este também tem a finalidade de preparar os futuros ministros ordenados num clima de oração, estudo e fraternidade. Esta é a atmosfera evangélica, esta é a vida repleta de Espírito Santo e de humanidade, que permite a quantos nela imergem assimilar no dia a dia os sentimentos de Jesus Cristo, o seu amor pelo Pai e pela Igreja, a sua dedicação incondicional ao povo de Deus. Oração, estudo, fraternidade e também vida apostólica: eis os quatro pilares da formação, que interagem. A vida espiritual, forte; a vida intelectual, séria; a vida comunitária e, finalmente, a vida apostólica, mas não em ordem de importância. As quatro são importantes: se faltar uma, a formação não é boa. E todas interagem entre si. Quatro pilares, quatro dimensões que devem estar presentes em um seminário.

Prezados seminaristas, vocês não se preparam para desempenhar uma profissão, para ser funcionários de uma empresa ou de um organismo burocrático. Dispomos de tantos presbíteros a meio caminho! É uma lástima que não tenham conseguido alcançar a plenitude: têm alguns aspectos de funcionários, uma dimensão burocrática, e isso não beneficia a Igreja. Recomendo-vos que presteis atenção para não decair nisto! Preparem-se para ser pastores à imagem de Jesus Bom Pastor, para ser como ele e *em sua pessoa* no meio do seu rebanho, para apascentar as suas ovelhas.

Diante dessa vocação, podemos responder como Maria ao anjo: "Como isto será possível?".[1] Tornar-se "bons pastores" à imagem de Jesus é algo demasiado grande, e nós somos tão pequeninos... É verdade! Estes dias pensei na Missa Crismal de Quinta-Feira Santa e tive essa sensação, que o dom tão grande que nós recebemos fortalece a nossa pequenez: somos os mais pequeninos de todos os homens. É verdade, trata-se de algo demasiado grande, mas não é obra nossa! É obra do Espírito Santo, com a nossa colaboração. Trata-se de nos oferecermos humildemente a nós mesmos, como barro para ser plasmado, a fim de que o oleiro, que é Deus, o modele com a água e o fogo, com a Palavra e o Espírito. Trata-se de entrar naquilo que são Paulo diz: "Eu vivo, mas já não sou eu; é Cristo que vive em mim".[2] Somente assim podemos ser diáconos e presbíteros na Igreja, só assim podemos apascentar o povo de Deus e orientá-lo não pelas nossas sendas, mas pela vereda de Jesus, aliás, pelo *Caminho* que é Jesus.

É verdade que, no início, nem sempre há uma retidão total de intenções. Mas eu ousaria dizer: é difícil que haja! Em todos nós sempre havia pequenos elementos que não tinham em si a retidão de intenções, mas isso resolve-se com o tempo, com a conversão diária. Pensemos nos Apóstolos! Pensai em Tiago e João, que queriam tornar-se um o primeiro-ministro e o outro o ministro da Economia, porque era mais importante. Os Apóstolos ainda não tinham essa retidão, pensavam em algo diferente, e com muita paciência o Senhor emendou a sua intenção, a qual se tornou tão reta que no final eles chegaram a dar a própria vida na pregação e no martírio. Não vos amedronteis! "Mas eu não tenho certeza se quero ser sacerdote por promoção..." "Mas tu amas Jesus?" "Sim." "Fala com o teu padre espiritual, fala com os teus formadores, reza, reza e reza, e assim verás que a retidão de intenção progredirá."

E esse caminho significa meditar todos os dias o Evangelho, para o transmitir com a vida e a pregação; significa experimentar a misericórdia de Deus no sacramento da reconciliação. E nunca abandoneis isto! Confessai-vos sempre! E assim sereis ministros generosos e misericordiosos, porque sentireis a misericórdia de Deus em vós. Significa alimentar-se com a fé e com o amor da Eucaristia, alimentando com ela o povo cristão; significa ser homens de oração, para se tornar voz de Cristo que louva o Pai e intercede continuamente pelos irmãos.[3] A oração de intercessão, recitada por homens grandiosos — Moisés, Abraão — que lutavam com Deus em prol do povo, é uma oração intrépida diante de Deus. Se vós — e digo isto de todo o coração, sem ofender! —, se vós, se um de vós não estiver disposto a seguir esse caminho, com essas atitudes e essas experiências, é melhor que tenha a coragem de procurar outra vereda! Na Igreja existem muitos modos de dar testemunho cristão e numerosos caminhos que levam à santidade. Quando seguis o ministério de Jesus não há lugar para a mediocridade, aquela mediocridade que leva sempre a usar o santo povo de Deus para a nossa própria vantagem. Ai dos maus pastores que se apascentam a si mesmos, e não o rebanho! — exclamavam os Profetas[4] com grande força! E Agostinho cita essa frase profética no seu *De Pastoribus*, cuja leitura e meditação vos recomendo. Mas ai dos maus pastores, porque o seminário, digamos a verdade, não é um esconderijo para tantos limites que podemos ter, um refúgio para problemas psicológicos ou para quem não tem a coragem de ir em frente na vida e procura ali um lugar para se defender. Não, não é isso! Se o vosso seminário fosse esse, tornar-se-ia uma hipoteca para a Igreja! Não, o seminário é precisamente para ir em frente, em frente por esse caminho. E quando ouvimos os Profetas dizerem "ai de vós!", que este "ai de vós!" vos faça meditar seriamente sobre o vosso futuro. Certa vez, Pio XI disse que era melhor perder uma vocação do que arriscar com um candidato não seguro. Ele era alpinista, conhecia essas situações. [...]

A ALEGRIA SACERDOTAL

Amados irmãos no sacerdócio! Nesta Quinta-Feira Santa, em que Cristo levou o seu amor por nós até o extremo,[1] comemoramos o dia feliz da instituição do sacerdócio e o da nossa ordenação sacerdotal. O Senhor ungiu-nos em Cristo com óleo da alegria, e essa unção convida-nos a acolher e cuidar desse grande dom: a alegria, o júbilo sacerdotal. A alegria do sacerdote é um bem precioso tanto para si mesmo como para todo o povo fiel de Deus: do meio desse povo fiel é chamado o sacerdote para ser ungido e ao mesmo povo é enviado para ungir.

Ungidos com óleo de alegria para ungir com óleo de alegria. A alegria sacerdotal tem a sua fonte no Amor do Pai, e o Senhor deseja que a alegria desse amor "esteja em nós" e "seja completa".[2] Gosto de pensar na alegria contemplando Nossa Senhora: Maria é "Mãe do Evangelho vivente, manancial de alegria para os pequeninos",[3] e creio não exagerar se dissermos que o sacerdote é uma pessoa muito pequena: a grandeza incomensurável do dom que nos é dado para o ministério relega-nos entre os menores dos homens. O sacerdote é o mais pobre dos homens, se Jesus não o enriquece com a sua pobreza; é o servo mais inútil, se Jesus não o trata como amigo; é o mais louco dos homens, se Jesus não o instrui pacientemente como fez com Pedro; o mais indefeso dos cristãos, se o Bom Pastor não o fortifica no meio do rebanho. Não há ninguém menor que um sacerdote deixado meramente às suas forças; por isso, a nossa oração de defesa contra toda a cilada do Maligno é a oração da nossa Mãe: sou sacerdote, porque ele olhou com bondade para a minha pequenez.[4] E, a partir dessa pequenez, recebemos a nossa alegria. Alegria na nossa pequenez!

Na nossa alegria sacerdotal, encontro três características significativas: uma alegria que *nos unge* (sem nos tornar untuosos, suntuosos e presunçosos), uma alegria *incorruptível* e uma alegria *missionária* que irradia para todos e todos atrai, a começar, inversamente, pelos mais distantes.

Uma alegria que nos unge. Quer dizer: penetrou no íntimo do nosso coração, configurou-o e fortificou-o sacramentalmente. Os sinais da liturgia da ordenação falam-nos do desejo materno que a Igreja tem de transmitir e comunicar tudo aquilo que o Senhor nos deu: a imposição das mãos, a unção com o santo crisma, o revestir-se com os paramentos sagrados, a participação imediata na primeira Consagração... A graça enche-nos e derrama-se íntegra, abundante e plena em cada sacerdote. Ungidos até os ossos... e a nossa alegria, que brota de dentro, é o eco dessa unção.

Uma alegria incorruptível. A integridade do dom — ninguém lhe pode tirar nem acrescentar nada — é fonte incessante de alegria: uma alegria incorruptível, a propósito da qual prometeu o Senhor que ninguém poderá tirá-la de nós.[5] Pode ser adormentada ou sufocada pelo pecado ou pelas preocupações da vida, mas, no fundo, permanece intacta como o tição aceso de um cepo queimado sob as cinzas, e sempre se pode renovar. Permanece sempre atual a recomendação de Paulo a Timóteo: reaviva o fogo do dom de Deus que está em ti pela imposição das minhas mãos.[6]

Uma alegria missionária. Sobre essa terceira característica, quero alongar-me mais convosco sublinhando de maneira especial: a alegria do sacerdote está intimamente relacionada com o povo fiel e santo de Deus, porque se trata de uma alegria eminentemente missionária. A unção é ordenada para ungir o povo fiel e santo de Deus: para batizar e confirmar, para curar e consagrar, para abençoar, para consolar e evangelizar.

E, sendo uma alegria que flui apenas quando o pastor está no meio do seu rebanho (mesmo no silêncio da oração, o pastor que adora o Pai está no meio das suas ovelhas), é, por isso, uma "alegria guardada" por esse mesmo rebanho. Também nos momentos de tristeza, quando tudo parece entenebrecer-se e a vertigem do isolamento nos seduz, naqueles momentos apáticos e chatos que por vezes nos assaltam na vida sacerdotal (e pelos quais também eu passei), mesmo em tais momentos, o povo de Deus é capaz de guardar a alegria, é capaz de proteger-te, abraçar-te, ajudar-te a abrir o coração e reencontrar uma alegria renovada.

"Alegria guardada" pelo rebanho e guardada também por três irmãs que a rodeiam, protegem e defendem: irmã pobreza, irmã fidelidade e irmã obediência.

A alegria do sacerdote é uma alegria que tem como irmã a pobreza. O sacerdote é pobre de alegrias meramente humanas: renunciou a tantas coisas! E, visto que é pobre — ele que tantas coisas dá aos outros —, a sua alegria deve pedi-la ao Senhor e ao povo fiel de Deus.

Não deve buscá-la ele mesmo. Sabemos que o nosso povo é generosíssimo ao agradecer aos sacerdotes os mínimos gestos de bênção e, de modo especial, os sacramentos. Muitos, falando da crise de identidade sacerdotal, não têm em conta que a identidade pressupõe pertença. Não há identidade — e, consequentemente, alegria de viver — sem uma ativa e empenhada pertença ao povo fiel de Deus.[7] O sacerdote que pretende encontrar a identidade sacerdotal indagando introspectivamente na própria interioridade talvez não encontre nada mais senão sinais que dizem "saída": sai de ti mesmo, sai em busca de Deus na adoração, sai e dá ao teu povo aquilo que te foi confiado, e o teu povo terá o cuidado de fazer-te sentir e experimentar quem és, como te chamas, qual é a tua identidade e fazer-te-á rejubilar com aquele cem por um que o Senhor prometeu aos seus servos. Se não sais de ti mesmo, o óleo torna-se rançoso e a unção não pode ser fecunda. Sair de si mesmo requer despojar-se de si, comporta pobreza.

A alegria sacerdotal é uma alegria que tem como irmã a fidelidade. Não tanto no sentido de que seremos todos "imaculados" (quem dera que o fôssemos, com a graça de Deus!), dado que somos pecadores, como sobretudo no sentido de uma fidelidade sempre nova à única Esposa, a Igreja. Aqui está a chave da fecundidade. Os filhos espirituais que o Senhor dá a cada sacerdote, aqueles que batizou, as famílias que abençoou e ajudou a caminhar, os doentes que apoia, os jovens com quem partilha a catequese e a formação, os pobres que socorre... todos eles são essa "Esposa" que o sacerdote se sente feliz em tratar como sua predileta e única amada e ser-lhe fiel sem cessar. É a Igreja viva, com nome e apelido, da qual o sacerdote cuida na sua paróquia ou na missão que lhe foi confiada, é essa que lhe dá alegria quando lhe é fiel, quando faz tudo o que deve fazer e deixa tudo o que deve deixar contanto que permaneça no meio das ovelhas que o Senhor lhe confiou: "Apascenta as minhas ovelhas".[8]

A alegria sacerdotal é uma alegria que tem como irmã a obediência. Obediência à Igreja na Hierarquia que nos dá, por assim dizer, não só o âmbito mais externo da obediência: a paróquia à qual sou enviado, as faculdades do ministério, aquele encargo particular... e ainda a união com Deus Pai, de quem deriva toda a paternidade. Mas também a obediência à Igreja no serviço: disponibilidade e prontidão para servir a todos, sempre e da melhor maneira, à imagem de "Nossa Senhora da prontidão",[9] que acorre a servir sua prima e está atenta à cozinha de Caná, onde falta o vinho. A disponibilidade do sacerdote faz da Igreja a Casa das portas abertas, refúgio para os pecadores, lar para aqueles que vivem na rua, casa de cura para os doentes, acampamento para os jovens, sessão de catequese para as crianças da Primeira Comunhão... Onde o povo de Deus tem um desejo ou uma necessidade, aí está o sacerdote que sabe escutar (*ob-audire*) e pressente um mandato amoroso de Cristo que o envia a socorrer com misericórdia tal necessidade ou a apoiar aqueles bons desejos com caridade criativa.

Aquele que é chamado saiba que existe neste mundo uma alegria genuína e plena: a de ser tomado pelo povo que uma pessoa ama até o ponto de ser enviada a ele como dispensadora dos dons e das consolações de Jesus, o único Bom Pastor, que, cheio de profunda compaixão por todos os humildes e os excluídos desta terra, cansados e abatidos como ovelhas sem pastor, quis associar muitos sacerdotes ao seu ministério para, na pessoa deles, permanecer e agir ele próprio em benefício do seu povo.

Nesta Quinta-Feira Santa, peço ao Senhor Jesus que faça descobrir a muitos jovens aquele ardor do coração que faz acender a alegria logo que alguém tem a feliz audácia de responder com prontidão à sua chamada.

Nesta Quinta-Feira Santa, peço ao Senhor Jesus que conserve o brilho jubiloso nos olhos dos recém-ordenados, que partem para "se dar a comer" pelo mundo, para consumar-se no meio do povo fiel de Deus, que exultam preparando a primeira homilia, a primeira Missa, o primeiro batismo, a primeira confissão... é a alegria de poder pela primeira vez, como ungidos, partilhar — maravilhados — o tesouro do Evangelho e sentir que o povo fiel volta a ungir-te de outra maneira: com os seus pedidos, inclinando a cabeça para que tu os abençoes, apertando-te as mãos, apresentando-te aos seus filhos, intercedendo pelos seus doentes... Conserva, Senhor, nos teus sacerdotes jovens, a alegria de começar, de fazer cada coisa como nova, a alegria de consumar a vida por ti.

Nesta Quinta-Feira Sacerdotal, peço ao Senhor Jesus que confirme a alegria sacerdotal daqueles que têm muitos anos de ministério. Aquela alegria que, sem desaparecer dos olhos, pousa sobre os ombros de quantos suportam o peso do ministério, aqueles sacerdotes que já tomaram o pulso ao trabalho, reúnem as suas forças e se rearmam: "tomam fôlego", como dizem os desportistas. Conserva, Senhor, a profundidade e a sábia maturidade da alegria dos sacerdotes adultos. Saibam orar como Neemias: a alegria do Senhor é a minha força.[10]

Enfim, nesta Quinta-Feira Sacerdotal, peço ao Senhor Jesus que faça brilhar a alegria dos sacerdotes idosos, sãos ou doentes. É a alegria da cruz, que dimana da certeza de possuir um tesouro incorruptível num vaso de barro que se vai desfazendo. Saibam estar bem em qualquer lugar, sentindo na fugacidade do tempo o sabor do eterno (Guardini). Sintam, Senhor, a alegria de passar a chama, a alegria de ver crescer os filhos dos filhos e de saudar, sorrindo e com mansidão, as promessas, naquela esperança que não desilude.

BISPOS, TESTEMUNHAS DA RESSURREIÇÃO

Dos lábios da Igreja recolher-se-á em todos os tempos e lugares o pedido: dá-nos um bispo! O povo santo de Deus continua a falar: precisamos de alguém que vigie do alto; precisamos de alguém que olhe para nós com a abertura do coração de Deus; não nos serve um *manager*, um administrador delegado de uma empresa, nem sequer alguém que esteja no nível das nossas insuficiências ou pequenas pretensões. Serve-nos alguém que saiba elevar-se à altura do olhar de Deus sobre nós para nos guiar para ele. Só no olhar de Deus há futuro para nós. Precisamos de quem, conhecendo melhor a amplidão do campo de Deus do que o seu pequeno jardim, nos garanta que aquilo pelo que aspiram os nossos corações não é uma promessa vã.

O povo percorre com dificuldade a planície do dia a dia, e precisa ser guiado por quem é capaz de ver as coisas do alto. Por isso, nunca devemos perder de vista as necessidades das igrejas particulares às quais devemos prover. Não existe um Pastor *standard* para todas as igrejas. Cristo conhece a singularidade do Pastor de que cada Igreja necessita para que responda às suas necessidades e a ajude a realizar as suas potencialidades. O nosso desafio é entrar na perspectiva de Cristo, tendo em consideração essa singularidade das igrejas particulares.

Para escolher esses ministros, todos precisamos nos elevar, subir também nós ao "nível superior". Não podemos evitar de subir, não nos podemos contentar com medidas baixas. Devemos elevar-nos para além e acima das nossas eventuais preferências, simpatias, pertenças ou tendências para entrar na amplidão do horizonte de Deus e encontrar esses transmissores do seu olhar do alto. Não homens condicionados pelo medo a partir de baixo, mas Pastores dotados de *parrésia*, capazes de garantir que no mundo há um sacramento de unidade[1] e por isso a humanidade não está destinada à dispersão nem à desorientação. [...]

Por conseguinte, examinemos o momento no qual a Igreja Apostólica deve recompor o Colégio dos Doze depois da traição de Judas. Sem os *Doze* não pode descer a plenitude do Espírito. O sucessor deve ser procurado entre os que seguiram desde o início o percurso de Jesus e agora pode tornar-se "juntamente com os doze" uma "testemunha da ressurreição".[2] Há necessidade de selecionar entre os seguidores de Jesus as testemunhas do Ressuscitado.

Daqui deriva o critério essencial para delinear o rosto dos bispos que queremos ter. Quem é uma testemunha do Ressuscitado? É quem seguiu Jesus desde o início e é constituído com os Apóstolos testemunha da sua ressurreição. Também para nós é este o critério unificador: o bispo é aquele que sabe tornar atual tudo o que aconteceu a Jesus e sobretudo sabe, *juntamente* com a Igreja, fazer-se testemunha da sua ressurreição. O bispo é antes de tudo um mártir do Ressuscitado. Não uma testemunha isolada, mas *juntamente* com a Igreja. A sua vida e o seu ministério devem tornar crível a ressurreição. Unindo-se a Cristo na cruz da verdadeira entrega de si, faz jorrar para a própria Igreja a vida que não morre. A coragem de morrer, a generosidade de oferecer a própria vida e de se consumir pelo rebanho estão inscritas no "DNA" do episcopado. A renúncia e o sacrifício são conaturais à missão episcopal. E desejo frisar isto: a renúncia e o sacrifício são congênitos à missão episcopal. O episcopado não é para si, mas para a Igreja, para a grei, sobretudo para aqueles que segundo o mundo são descartáveis.

Portanto, para indicar um bispo, não serve a contabilidade dos dotes humanos, intelectuais, culturais, nem sequer pastorais. O perfil de um bispo não é a soma algébrica das suas virtudes. Certamente, serve-nos alguém que se distingue:[3] a sua integridade humana garante a capacidade de relações sadias, equilibradas, para não projetar nos outros as próprias faltas e tornar-se um fator de instabilidade; a sua solidez cristã é essencial para promover a fraternidade e a comunhão; o seu comportamento reto confirma a medida alta dos discípulos do Senhor; a sua preparação cultural permite-lhe dialogar com os homens e as culturas; a sua ortodoxia e fidelidade à Verdade total conservada pela Igreja faz dele uma coluna e um ponto de referência; a sua disciplina interior e exterior permite o domínio de si e abre espaço ao acolhimento e à guia dos outros; a sua capacidade de governar com firmeza paterna garante a segurança da autoridade que ajuda a crescer; a sua transparência e o seu desapego na administração dos bens da comunidade conferem autoridade e conquistam a estima de todos por ele.

Contudo, todos esses dotes imprescindíveis devem ser declinações do testemunho central do Ressuscitado, subordinados a esse compromisso prioritário. É o Espírito Santo que faz as suas testemunhas, que integra e eleva as qualidades e os valores edificando o bispo. [...]

O CAMINHO DA IGREJA

Queria partilhar convosco alguns pensamentos.

Primeiro: *a importância da comunicação para a Igreja*. Este ano completam-se cinquenta anos da aprovação do Decreto Conciliar *Inter mirifica*. Não se trata apenas de uma recordação; esse documento exprime a atenção que a Igreja dá à comunicação e aos seus instrumentos, importantes nomeadamente para a dimensão evangelizadora. Temos, pois, os instrumentos da comunicação e a comunicação; esta não é um instrumento, é outra coisa... Nas últimas décadas, os meios de comunicação evoluíram muito, mas o interesse permanece, assumindo novas sensibilidades e formas. Pouco a pouco, o panorama da comunicação foi-se tornando, para muitos, um "ambiente de vida", uma rede na qual as pessoas comunicam, alargam as fronteiras dos seus conhecimento e das suas relações.[1] Sublinho sobretudo esses aspectos positivos, apesar de todos estarmos cientes dos limites e fatores nocivos que também existem.

Nesse contexto — e passo ao segundo pensamento —, devemos interrogar-nos: Qual é *o papel que a Igreja deve ter* nas sua realidade operacional e em sua comunicação? Em cada situação, independentemente das tecnologias, acho que o objetivo é saber *inserir-se no diálogo com os homens e as mulheres de hoje*, para compreender as suas expectativas, dúvidas, esperanças. São homens e mulheres por vezes um pouco desiludidos por um cristianismo que lhes parece estéril, com dificuldade precisamente em comunicar de forma incisiva o sentido profundo que a fé dá. Com efeito, assistimos hoje, precisamente na era da globalização, a um aumento da desorientação, da solidão; vemos alastrar-se a confusão sobre o sentido da vida, a incapacidade de fazer referência a uma "casa", a dificuldade em tecer laços profundos. Assim, é importante saber dialogar, entrando, com discernimento, também nos ambientes criados pelas novas tecnologias, nas redes sociais, para fazer emergir uma presença, uma presença que escuta, dialoga, encoraja. Não tenhais medo de ser essa presença, afirmando a vossa identidade cristã ao fazer-vos cidadãos desse ambiente. Uma Igreja companheira de estrada sabe pôr-se a caminho com todos! Há também uma regra antiga dos peregrinos, que santo Inácio adotou (por isso é que a conheço!). Diz ele, numa das suas regras, que o companheiro de um peregrino, que faz a estrada com o peregrino, deve caminhar com o passo do peregrino, nem ir mais adiante nem ficar para trás. Com isso, quero dizer: é necessária uma Igreja companheira de estrada que saiba pôr-se a caminho, como se caminha hoje. Essa regra do peregrino pode servir-nos de inspiração para a realidade.

O terceiro: nesse contexto da comunicação, todos nós enfrentamos juntos um desafio, e a problemática principal não é de ordem tecnológica. Devemos interrogar-nos: somos capazes, nesse campo também, de levar Cristo, ou melhor, de *levar ao encontro de Cristo*? De caminhar existencialmente com o peregrino, mas como caminhava Jesus com os peregrinos de Emaús, inflamando o coração, fazendo-os encontrar o Senhor? Somos capazes de comunicar o rosto de uma Igreja que seja a "casa" para todos? Falamos da Igreja com as portas fechadas. Mas aqui trata-se de algo mais que uma Igreja com as portas abertas... é algo mais! É tentarmos juntos construir "casa", construir Igreja, construir "casa". Não é Igreja com as portas fechadas, nem Igreja com as portas abertas, mas, sim, em caminho construir Igreja. Um desafio! Fazer redescobrir, no encontro pessoal e também através dos meios de comunicação social, a beleza de tudo o que está na base do nosso caminho e da nossa vida, a beleza da fé, a beleza do encontro com Cristo. Também aqui, no contexto da comunicação, é necessária uma Igreja que consiga levar calor, inflamar o coração. A nossa presença, as nossas iniciativas sabem dar resposta a essa exigência ou permanecemos meros técnicos? Temos um precioso tesouro para transmitir, um tesouro que gera luz e esperança. E há tanta necessidade disso! Mas tudo isso exige uma formação cuidadosa e qualificada de sacerdotes, religiosos, religiosas, leigos, também nesse setor. O grande continente digital não é simplesmente tecnologia, mas é formado por homens e mulheres reais que trazem consigo aquilo que têm dentro, as suas esperanças, os seus sofrimentos, as suas ansiedades, a busca do verdadeiro, do belo e do bom. É preciso saber indicar e levar Cristo, partilhando essas alegrias e esperanças, como Maria, que trouxe Cristo ao coração do homem; é preciso saber penetrar no nevoeiro da indiferença sem se perder; há necessidade de descer mesmo na noite mais escura sem ser invadido pela escuridão nem se perder; há necessidade de ouvir as ilusões de muitos sem se deixar seduzir; há necessidade de acolher as desilusões sem cair na amargura; tocar a desintegração alheia sem se deixar dissolver e decompor na própria identidade.[2] Este é o caminho. Este é o desafio.

É importante, queridos amigos, a atenção e a presença da Igreja no mundo da comunicação, para dialogar com o homem de hoje e levá-lo ao encontro com Cristo. Mas, o encontro com Cristo é um encontro pessoal. Não se pode manipular. Neste tempo, temos uma grande tentação na Igreja, que é uma moléstia espiritual: manipular as consciências; uma lavagem teologal do cérebro, que no fim te leva a um encontro com Cristo, mas puramente nominal e não com a Pessoa de Cristo vivo. No encontro de uma pessoa com Cristo, intervêm Cristo e a pessoa! Não aquilo que quer o engenheiro espiritual que pretende manipular. Este é o desafio. Levar o homem de hoje ao encontro com Cristo, na certeza, porém, de que somos meios e que o problema fundamental não é a aquisição de tecnologias sofisticadas, embora necessárias para uma presença atual e válida. Esteja sempre bem claro em nós que o Deus em quem acreditamos, um Deus apaixonado pelo homem, quer manifestar-se através dos nossos meios, ainda que pobres, porque é ele que opera, é ele que transforma, é ele que salva a vida do homem. [...]

A IGREJA VIVA SURPREENDE

A festa de Pentecostes comemora a efusão do Espírito Santo sobre os Apóstolos reunidos no Cenáculo. E, como a Páscoa, é um evento que acontecia durante a preexistente festa judaica, e que traz um final surpreendente. O livro dos Atos dos Apóstolos descreve os sinais e os frutos daquela extraordinária efusão: o vento forte e as chamas de fogo; o medo desaparece e dá lugar à coragem; as línguas soltam-se e todos compreendem o anúncio. Onde chega o Espírito de Deus, tudo renasce e se transfigura. O evento do Pentecostes marca o nascimento da Igreja e a sua manifestação pública; e chamam a nossa atenção duas características: é uma Igreja que *surpreende* e *perturba*.

Um elemento fundamental do Pentecostes é a *surpresa*. O nosso Deus é o Deus das surpresas, sabemo-lo. Ninguém esperava mais nada dos discípulos: depois da morte de Jesus, eram um pequeno grupo insignificante, órfãos do seu Mestre, derrotados. Ao contrário, verifica-se um acontecimento inesperado que suscita admiração; o povo permanece perturbado porque cada um ouvia os discípulos falar a própria língua, contando as grandes obras de Deus.[1] A Igreja que nasce no Pentecostes é uma comunidade que suscita admiração porque, com a força que lhe vem de Deus, anuncia uma mensagem nova — a ressurreição de Cristo — com uma linguagem nova — a universal, do amor. Um anúncio novo: Cristo está vivo, ressuscitou; uma linguagem nova: a linguagem do amor. Os discípulos estão revestidos de poder do alto e falam com coragem — poucos minutos antes todos eram covardes, mas agora falam com coragem e franqueza, com a liberdade do Espírito Santo.

Assim a Igreja está chamada a ser sempre: capaz de surpreender anunciando a todos que Jesus Cristo venceu a morte, que os braços de Deus estão sempre abertos, que a sua paciência está sempre ali à nossa espera para nos curar, e para nos perdoar. Jesus ressuscitou e doou o seu Espírito à Igreja precisamente para essa missão.

Atenção: se a Igreja está viva, deve surpreender sempre. É característico da Igreja viva surpreender. Uma Igreja que não tenha a capacidade de surpreender é uma Igreja frágil, doente, moribunda e deve ser internada na unidade de terapia intensiva, quanto antes!

Em Jerusalém, havia quem preferisse que os discípulos de Jesus, impedidos pelo medo, permanecessem fechados em casa para não criar *confusão*. Também hoje muitos querem isso dos cristãos. Ao contrário, o Senhor ressuscitado estimula-os a ir pelo mundo: "Assim como o Pai me enviou, também eu vos envio a vós".[2] A Igreja do Pentecostes é uma Igreja que não se resigna a ser inócua, demasiado "destilada". Não, não se resigna a isso! Não quer ser um elemento decorativo. É uma Igreja que não hesita em sair, em ir ao encontro das pessoas, para anunciar a mensagem que lhe foi confiada, mesmo se aquela mensagem perturba ou desassossega as consciências, mesmo se aquela mensagem talvez traga problemas e também, por vezes, nos leve ao martírio. Ela nasce una e universal, com uma identidade determinada, mas aberta, uma Igreja que abraça o mundo, mas não o captura; deixa-o livre, mas abraça-o como a colunata da praça São Pedro: dois braços que se abrem para acolher, mas não se fecham para reter. Nós, cristãos, somos livres, e a Igreja quer-nos livres!

Dirijamo-nos à Virgem Maria, que naquela manhã de Pentecostes estava no Cenáculo, e a Mãe estava com os filhos. Nela, a força do Espírito Santo fez deveras "coisas grandiosas".[3] Ela mesma o tinha dito. Ela, Mãe do Redentor e Mãe da Igreja, obtenha pela sua intercessão uma renovada efusão do Espírito de Deus sobre a Igreja e sobre o mundo.

Sobre o papa Francisco

1936 17 dezembro. Jorge Mario Bergoglio nasce em Buenos Aires de uma família de imigrantes italianos. Seu pai, Mario, era contador das ferroviárias e sua mãe, Regina Sivori, dona de casa. Jorge foi o primeiro de cinco filhos: Oscar, Marta, Alberto e María Elena.

1957 Após se formar como um especialista em química, escolhe o caminho do sacerdócio e entra no seminário diocesano em Villa Devoto.

1958 11 de março. Entra para a Companhia de Jesus como noviço e, dois anos mais tarde (12 de março de 1960), faz os primeiros votos.

1963 Após completar seus estudos clássicos em Santiago, Chile, retorna à Argentina, onde se forma em filosofia na Faculdade de San José, em San Miguel.

1964-1966   Leciona literatura e psicologia em Santa Fé e, em seguida, em Buenos Aires.

1969   13 de dezembro. Ordenado sacerdote.

1970   Completa os estudos teológicos; se forma na Faculdade de San José.

1973   22 de abril. Faz a profissão perpétua.
31 de julho. Depois de ser consultor, se torna superior provincial dos jesuítas na Argentina.

1980   Nomeado reitor da Faculdade de San José, onde permanece até até 1986. Deixa o posto para estudar teologia na Alemanha, e pesquisar para sua tese de doutorado que seria sobre Romano Guardini. No entanto, é obrigado a interromper seus estudos na Alemanha ao ser chamado por seus superiores de volta à Argentina para outras posições. Como sacerdote, ele exerce o seu ministério em uma paróquia de Córdoba.

1992   20 de maio. Depois de servir por vários anos, é nomeado pelo papa João Paulo II bispo auxiliar de Buenos Aires, serve em proximidade ao cardeal Antonio Quarracino, de quem recebe, em 27 de junho, a ordenação episcopal. Escolhe como lema "Miserando atque eligendo" ("Olhou-o com misericórdia e o escolheu") e no emblema insere o símbolo IHS da Companhia de Jesus.

1993   21 de dezembro. Nomeado vigário geral da arquidiocese.

1997	3 de junho. Promovido a arcebispo coadjutor de Buenos Aires.
1998	28 de fevereiro. Após a morte do cardeal Quarracino, assume o comando da arquidiocese, tornando-se também o primaz da Argentina.
2001	21 de fevereiro. Nomeado cardeal pelo papa João Paulo II.
2005	Participa do conclave que elegeu o papa Bento XVI.
2013	11 de fevereiro. Bento XVI anuncia sua intenção de deixar o papado no dia 28 do mesmo mês. 13 de março. Eleito papa, escolhe o nome de Francisco: o primeiro papa latino-americano, o primeiro papa jesuíta, o primeiro papa com o nome de Francisco. 7 de abril. Empossado como bispo de Roma sobre a "Cathedra Romana". 24 de junho. Estabelece uma comissão pontifícia sobre o Instituto para as Obras de Religião (IOR). 29 de junho. Publica sua primeira encíclica, *Lumen fidei*, completando o documento que havia herdado de Bento XVI. 8 de julho. Completa visita apostólica histórica à ilha de Lampedusa. 22-29 de julho. Participa da Jornada Mundial da Juventude, no Rio de Janeiro, Brasil. 22 de setembro. Visita pastoral a Cagliari. 28 de setembro. Estabelece "Conselho dos Cardeais", com a tarefa de ajudar no governo da Igreja universal e para iniciar o processo de revisão da Constituição Apostólica *Pastor Bonus* sobre a Cúria Romana. 4 de outubro. Visita pastoral a Assis.

24 de novembro. Publica a Exortação Apostólica *Evangelii gaudium*.

2014 22 de fevereiro. Convoca um consistório para ordenar novos cardeais.

Notas

PREFÁCIO [pp. 7-10]

1. Colossenses 2,6-7
2. Romamos 8,2
3. Romanos 6,4
4. 1ª João 1,7
5. Efésios 5,2

1. O EVANGELHO DO CAMINHO [pp. 11-21]

A META E O CAMINHO

1. cf. João 1,18
2. cf. João 14,10; 20,31
3. cf. João 6,30
4. cf. João 2,11; 6,47; 12,44
5. cf. Romanos 8,15
6. 1ª Coríntios 4,7
7. cf. Lucas 15,11-24
8. Efésios 2,8

9. Deuteronômio 30,11-4

10. Romanos 10,6-7

11. Gálatas 2,20

12. Efésios 3,17

13. cf. Romanos 5,5

14. cf. 1ª Coríntios 12,3

15. Romanos 12,3

16. cf. Romanos 12,4-5

17. cf. Gálatas 3,28

18. Romanos 10,10

19. Romanos 10,14

20. cf. Gálatas 5,6

O EVANGELHO: A BOA-NOVA ETERNA

1. Isaías 40,31

2. Apocalipse 14,6

3. Hebreus 13,8

4. Romanos 11,33

OS TRÊS MOVIMENTOS DO CRISTÃO

1. Isaías 2,5

CAMINHAR COM JESUS

1. Marcos 10,32

2. Marcos 10,41

3. Marcos 10,42

A ALEGRIA DO ENCONTRO

1. Mateus 18,22

2. O CAMINHO DA FÉ [pp. 23-48]

A VIDA SACRAMENTAL

1. Cost. dogm. sulla divina Rivelazione *Dei Verbum*, 8.

2. Romanos 6,4

3. cf. Romanos 6,17

4. Isaías 33,16

A UNIÃO DE CRISTO COM A IGREJA

1. Romanos 6,3-4

UM POVO MISSIONÁRIO

1. cf. *Summa Theologiae*, III, q. 69, art. 5; q. 70, art. 1

2. cf. Exortação Apostólica *Evangelii gaudium*, n. 120

3. ibid.

4. *Documento final de Aparecida*, n. 157

5. cf. id., n. 175b

UNÇÃO E CRISMA EM JESUS

1. cf. *Catecismo da Igreja Católica*, n. 1303

VIVER A EUCARISTIA

1. 1ª Coríntios 11,23

2. João 6,54

A FORÇA DO PERDÃO

1. 2ª Coríntios 4,7

2. cf. Marcos 2,1-12; Mateus 9,1-8; Lucas 5,17-26

3. João 20,21-3

A COMPAIXÃO DE DEUS

1. Lucas 10,30-5

2. Tiago 5,14-5

O MINISTÉRIO DO SERVIÇO

1. Mateus 20,25-8; Marcos 10,42-5

2. Efésios 5,25-7

3. cf. 1ª Timóteo 4,14; 2ª Timóteo 1,6

O VALOR DO CASAMENTO CRISTÃO

1. Gênesis 1,27; 2,24

2. cf. Efésios 5,21-33

3. cf. *Gaudium et spes*, 48; *Familiaris consortio*, 56

3. O DOM DO CAMINHO [pp. 49-66]

O DOM DO ESPÍRITO SANTO

1. Atos 2,4
2. cf. João 15,26
3. cf. Atos 9,2
4. cf. Romanos 8,15; Gálatas 4,4
5. Romanos 8,14
6. cf. Atos 1,4.8

A SABEDORIA QUE VEM DO ESPÍRITO SANTO

1. cf. João 4,10
2. cf. 1º Reis 3,9

A CAPACIDADE DE CONHECER OS DESÍGNIOS DE DEUS

1. 1ª Coríntios 2,9-10
2. cf. Lucas 24,13-27

O CONSELHO QUE ILUMINA NOSSO CAMINHO

1. Salmos 16,7
2. Mateus 10,19-20
3. Salmo 16,7-8

A FORTALEZA QUE NOS DÁ FORÇA

1. cf. Marcos 4,3-9; Mateus 13,3-9; Lucas 8,4-8
2. Filipenses 4,13

O CUIDADO COM A BELEZA DA CRIAÇÃO

1. Gênesis 1,12.18.21.25
2. Gênesis 1,31

A PIEDADE E O NÃO PIETISMO

1. Romanos 8,14-5

4. O TESTEMUNHO DO CAMINHO [pp. 67-87]

TRANSMITIR A FÉ RECEBIDA

1. 2ª Coríntios 4,13
2. 2ª Coríntios 3,18
3. 2ª Coríntios 4,6
4. João 14,26

TESTEMUNHAR A FÉ

1. cf. Mateus 11,28-30
2. cf. João 4
3. cf. *Evangelii nuntiandi*, n. 44

RICOS EM VIRTUDE DA POBREZA DE CRISTO

1. 2ª Coríntios 8,9
2. cf. Filipenses 2,7; Hebreus 4,15
3. Concílio Ecumênico Vaticano II, constituição pastoral *Gaudium et spes*, n. 22
4. Efésios 3,8
5. Hebreus 1,2
6. cf. Lucas 10,25-37
7. cf. Mateus 11,30
8. cf. Romanos 8,29
9. 2ª Coríntios 6,10

A FORÇA REVOLUCIONÁRIA DAS BEM-AVENTURANÇAS

1. cf. João 6,67
2. João 6,68
3. Carta a I. Bonini, 27 de fevereiro de 1925
4. Homilia na Santa Missa: *AAS* 82 [1990], 1518
5. 1ª João 2,14

BEM-AVENTURADOS OS POBRES EM ESPÍRITO

1. Filipenses 2,5-7
2. cf. 2ª Coríntios 8,9
3. *Catecismo da Igreja Católica*, n. 2559
4. id., n. 2560
5. cf. Mateus 6,28
6. cf. Lucas 18,9-14
7. Lucas 21,1-4

PORQUE DELES É O REINO DO CÉU

1. Mateus 28,19
2. Mateus 5,3
3. Mateus 10,9-10
4. cf. Lucas 1,48

A CULTURA DO ENCONTRO

1. Lucas 10,29
2. Atos 1,8
3. Bento XVI, *Mensagem para o XLVII Dia Mundial das Comunicações Sociais*, 2013

5. ACOMPANHANDO O CAMINHO [pp. 89-111]

O TEMPO DA MISERICÓRDIA

1. Mateus 9,35-36
2. cf. Gênesis 18,22-33
3. cf. *Reflexiones en esperanza*, cap. I

ALIMENTANDO O POVO DE DEUS

1. Lucas 1,34
2. Gálatas 2,20
3. cf. Hebreus 7,25
4. cf. Ezequiel 34,1-6

A ALEGRIA SACERDOTAL

1. cf. João 13,1
2. João 15,11
3. Exortação Apostólica *Evangelii gaudium*, 288
4. cf. Lucas 1,48
5. cf. João 16,22
6. cf. 2ª Timóteo 1,6
7. cf. Exortação Apostólica *Evangelii gaudium*, 268
8. João 21,16-7
9. cf. Lucas 1,39: *meta spoudes*
10. cf. Neemias 8,10

BISPOS, TESTEMUNHAS DA RESSURREIÇÃO

1. Constituição dogmática *Lumen gentium*, 1
2. cf. Atos 1,21-2
3. *Código de Direito Canônico*, cân. 378, §1

O CAMINHO DA IGREJA

1. cf. Bento XVI, *Mensagem para o XLVII Dia Mundial das Comunicações Sociais*, 2013
2. cf. Discurso aos bispos do Brasil, 27 de julho de 2013, 4

A IGREJA VIVA SURPREENDE

1. cf. Atos 2,6-7.11
2. João 20,21
3. Lucas 1,49

TIPOGRAFIA Adriane por Marconi Lima
DIAGRAMAÇÃO Verba Editorial
PAPEL Pólen Bold
IMPRESSÃO Gráfica Bartira, março de 2015

A marca FSC® é a garantia de que a madeira utilizada na fabricação do papel deste livro provém de florestas que foram gerenciadas de maneira ambientalmente correta, socialmente justa e economicamente viável, além de outras fontes de origem controlada.